Eugen Drewermann

Wie zu leben wäre

W0175043

HERDER spektrum

Band 5257

Das Buch

Was lohnt sich wirklich? Eugen Drewermann, der große Kenner der menschlichen Seele, nimmt hier die Sehnsucht der Menschen auf: nach einem Leben, das sich nicht in Äußerlichkeiten erschöpft, nach einer Freiheit, die Einengungen loslassen kann, nach einer Gesellschaft, die auch das Wohl der anderen Menschen im Blick hat. Drewermann weiß: individuelles Leiden, individuelle Hoffnungen auf Glück sind zurückgebunden an einen größeren Zusammenhang. Wir sind beeinflusst von den Menschen, die uns erzogen haben, von den Menschen, mit denen wir heute leben. Und wir können lernen zu unterscheiden, was für unser eigenes Leben wirklich wertvoll ist. Dies bedeutet oft, Äußerlichkeiten loszulassen, zum wahren Kern vorzustoßen. Und dies gilt nicht nur für individuelles Glück: Drewermann macht sehr deutlich, dass, wenn wir auf Kosten anderer leben, sei es der Tiere oder der Menschen, die in anderen weniger begünstigten Teilen der Welt leben, dann schaden wir uns letztlich selbst und bringen das empfindliche Gesamtgefüge unserer Welt aus der Ordnung. Die Achtung vor dem, was Leben ausmacht, steht im Zentrum seiner Aussagen. Die vielbeachtete Sendereihe des SFB-Fernsehens jetzt als Buch.

Der Autor

Eugen Drewermann, Dr. theol., Theologe und Therapeut, zahlreiche Veröffentlichungen. Zuletzt bei Herder Spektrum: *Wozu Religion? Sinnfindung in Zeiten der Gier nach Macht und Geld* und *Krieg ist Krankheit, keine Lösung. Eine neue Basis für den Frieden.*

Der Herausgeber

Richard Schneider, Dr. phil., ist Fernsehjournalist und Redakteur in der Hauptabteilung Politik des Senders Freies Berlin.

Eugen Drewermann

Wie zu leben wäre

Ansichten und Einsichten
Im Gespräch mit Richard Schneider

HERDER

FREIBURG · BASEL · WIEN

Originalausgabe

Gedruckt auf umweltfreundlichem,
chlorfrei gebleichtem Papier

Alle Rechte vorbehalten – Printed in Germany
© Verlag Herder Freiburg im Breisgau 2002
www.herder.de
Satz: Rudolf Kempf, Emmendingen
Herstellung: fgb · freiburger graphische betriebe 2002
www.fgb.de
Umschlaggestaltung und Konzeption:
R·M·E München / Roland Eschlbeck, Liana Tuchel
Umschlagbild: Paul Klee, ABFAHRT der SCHIFFE (2. Vers.), 1927,
140.2 (D10) 51x65,5 cm; Öl auf Leinwand auf Keilrahmen;
Staatliche Museen zu Berlin, Nationalgalerie, Berlin
© VG Bild-Kunst, Bonn 2002
ISBN 3-451-05257-1

Inhalt

1.
GEWALT UND ANGST ÜBERWINDEN

Die Spirale von Hass und Gewalt
oder
Vom Missbrauch der Religion

Am 11. September des Jahres 2001 morgens gegen 9.00 Uhr Ortszeit werden zwei von Terroristen entführte Passagierflugzeuge gegen die Türme des World Trade Centers in New York gesteuert und Tausende von Menschen finden dadurch den Tod. Meine Frage an den Theologen Drewermann: Wo war Gott an jenem Tag?

Gott ist wie die Sonne, sie scheint immer und überall, aber dann gibt es Stunden, wo die Welt in die Nacht sinkt und unser Herz nichts anderes mehr wahrnimmt als Umdüsterung, Traurigkeit und Schmerz, und denken muss man, dass im Vorlauf – ehe Menschen so etwas tun – ein Gleiches längst passiert ist. Es ist möglich, dass Menschen aufhören, an Gott zu glauben inmitten einer gottverlassenen, buchstäblich gnadenlosen Welt, in der sie gelernt haben, dass alles, was die Religion über Menschlichkeit und Liebe sagen müsste, nicht zählt. Es kann dann dahin kommen, dass man sogar Gott mit dem Wunsch nach Rache identifiziert, nach Vergeltung, nach neuzugefügter Grausamkeit, dass man Gott in Anspruch nimmt für die eigenen Gefühle des Hasses, die man in ihn hinein projiziert. Was sind das für Menschen, die so etwas tun können? Das war meine Frage am 11. September. Und dann muss man feststellen, dass das erste Wort der Reaktion darauf war: Das ist Krieg! Immer, wenn dieses Wort ausgesprochen wird, sinken wir durch einen dunklen Schacht um Tausende von Jahren zurück in die Steinzeit, in die Vormenschlichkeit. Wir müssen nur sagen: „Krieg!" – und dann hören alle Regeln des zivilen Zusammenlebens auf. Alles, was uns normalerweise verboten ist, kann dann zur Pflicht gemacht werden: Zerstörung, Massaker, Ausrottung von Menschen mit allen zur Verfügung stehenden Mitteln, Grausamkeiten aller Art, jede Form der Schadenzufügung wird zur Pflicht, sobald das Wort Krieg fällt. Es kommt zur Zweiteilung der Menschen in die guten und die bösen, in die richtigen und die falschen; jenseits der Frontlinien hat man die Unmenschen, die Gegenmenschen, die Teufel. Und dann muss man handeln mit allem, was zur Verfügung steht. In der ganzen Geschichte des 20. Jahrhunderts ist das so gegangen. Es hat in der Zeit der Ablösung der westlichen kolonialen und imperialen Attitüde nicht eine einzige Freiheitsbewegung außerhalb der Bewegung des wunderbaren Mahatma Gandhi in Indien gegeben, die ohne das Waten durch einen Blutsee von Terror ausgekommen wäre. Ich erinnere an Kenia, den Mau-Mau-Aufstand gegen das Kolonialreich Großbritannien, und an Vietnam; dieser Krieg ging über dreißig Jahre gegen wechselnde Kolonialstaaten und deren Nachfolger. Immer wieder hat man die Menschen gelehrt, dass man das Äußerste tun muss, um sich als Mensch überhaupt zu artikulieren. Wenn Menschlichkeit sich nicht auf Menschen bezieht, die man sieht, wenn es stattdessen förmlich ein Gebot gibt, über Leichen hinweg zu gehen, wenn es nötig scheint, dass man durch die Hölle muss, um im Kampf gegen das Böse des Teufels Meister zu werden, dann liegt diese Welt im Argen, dann gibt es keinen Gott, nicht weil es ihn nicht gäbe, aber weil wir Menschen ihn nicht sehen.

Das Entsetzen der Menschen über die Tat, die an jenem 11. September geschah, wie könnte es genutzt werden, damit aus dem Schrecklichen noch etwas Gutes entsteht? Liegt in der Tat auch eine Chance?

Ich habe zwei Tage nach dem Anschlag im Nachrichtensender CNN den Dalai Lama reden hören, und es ist die einzige

Stimme, die so gesprochen hat, als es noch möglich war, etwas daraus zu lernen. Alle Zeitungen schrieben, seit diesem Tag sei nichts mehr so geblieben wie zuvor, aber in Wirklichkeit ist alles so geblieben, wie es vorher war. Wir führen jetzt wieder Krieg im Namen des absolut Guten gegen das absolut Böse. Ein monumentaler Krieg wurde angekündigt, um die unendliche Gerechtigkeit zu exekutieren oder die unbegrenzte Freiheit auf Erden zu errichten. Das sind Wahnideen! Der Einzige, der anders sprechen konnte in der Zeit, als es darauf ankam, war bezeichnenderweise der Dalai Lama, ein Buddhist. Er sagte an jenem Morgen – einer Journalistin gegenüber, die gar nicht verstand, wovon er redete –: das ist eine große Chance der Gewaltfreiheit, *a big chance of nonviolence*, und er wiederholte diesen Satz immer wieder.

Wenn es angesichts des Grauens, das Menschen über Menschen bringen, nicht möglich ist zu fragen, wo Schluss ist, was soll uns denn dann noch retten? Ich beschreibe einmal, was im 20. Jahrhundert an Entwicklung von Waffen möglich war, an Massenausrottungsmöglichkeiten! Das ging damit los, dass man planquadratweise im Ersten Weltkrieg übte, wie man mit schwerer Artillerie ganze Frontabschnitte zerschoss, Millionen Granaten auf wenige Quadratkilometer, damit niemand überleben sollte. Das langte nicht. Man brauchte die chemische Vergiftung von Menschen durch Gas, das sich in der Lunge synthetisiert und zu Salzsäure wird. Je nach Winddrehung war das von Vorteil; man konnte an der Isonzo-Front zum Beispiel mit diesem Gas die Italiener ausrotten. Es gab keine Grenzen, kein Halten: Wie man mit Tanks über lebende Menschen hinweg walzte, dem Sieg entgegen. Damit endete der Erste Weltkrieg, aber es war nicht genug! Alles Grauen, das man da gelernt hatte, wurde im Zweiten Weltkrieg augenblicklich in die Ouvertüre genommen, zangengleiche Panzerangriffe, Flugzeugangriffe mit Hunderten von Maschinen. Alles wurde gesteigert. Und nicht genug. Wie man mit Phosphor ganze Flächen von Großstädten in

Flammen setzte; die Operation Gomorra 1943 über Hamburg nannte sich schon so. Auf Menschen nimmt man dabei keine Rücksicht. Die konventionellen Spreng- und Brandmaterialien sind nicht genug, man braucht die Atombombe. Auch das ist nicht genug, man braucht die Wasserstoffbombe. Das Morden wird unbegrenzt. Man zählt es inzwischen nach Megatoden. Eine Million Tote ist eine Recheneinheit. Man hat die Neutronenbombe, die Städte bleiben stehen, aber sie sind menschenleer. Immer noch nicht genug, man braucht das Starwars-Programm. Es gibt für diese Paranoia der Geschichte, für diese Idiotie kein Halten, keine Grenzen. Selbst Pest, Botulismus, Milzbrand, was man will, Volksseuchen zum Ausrotten von Millionen Menschen in wenigen Stunden, gelten als Waffen. Man muss sich die Option bewahren, sie einsetzen zu können. Lässt es sich deutlicher beschreiben, was wir treiben, biblisch ausgedrückt, indem wir Beelzebub versuchen mit Beelzebub auszutreiben! Wir bekämpfen den Teufel, aber wir merken nicht, dass wir dabei selber zum Oberteufel werden. Aus dieser Blutmühle müssten wir irgendwann raus, das meinte der Dalai Lama. Das wäre die Chance, mit dem ganzen Wahnsinn aufzuhören, um sich dann als Menschen zu fragen: Was haben wir aus uns gemacht und wozu haben wir diese anderen gemacht, dass sie uns jetzt wie Teufel vorkommen? Wir sind doch nicht die Heiligen und die Guten, die jetzt an der Seite des Erzengels Michael zur Rache und zur Gerechtigkeit schreiten!

Und diese unfassbare Tat vom 11. September und die Chance, von der der Dalai Lama gesprochen hat, warum hat man sie nicht genutzt?

Offensichtlich fällt es uns so unglaublich schwer, aus unseren Gewohnheiten herauszutreten. Da ist etwas passiert, und plötzlich schreien wir nach Rache. Das wagen wir freilich nicht zuzugeben; wir nennen es deshalb Gerechtigkeit, und dann wollen wir sie exekutieren. Wir selber haben gelitten, und es scheint psychisch noch immer eine Entlastung zu sein, wenn wir irgendjemanden genauso leiden lassen. Das ist dieses uralte *jus-talionis*-Schema: Für das, was mir angetan wurde, wird dem Täter genau dasselbe angetan. Dann ist man scheinbar quitt, dann hat die Gerechtigkeit sich wieder hergestellt. Das ist ein so archaisches Denken, dass die Herkunft aus der Tierpsychologie ganz evident ist. Die Verhaltensforscher könnten uns erklären, wie so etwas in unsere Köpfe kommt. Aber es ist nicht menschlich. Es hat zu tun mit uralten Resten, die wir mal in der Zeit der Kulturwerdung mitgeschleift haben. Mahatma Gandhi konnte sagen, das Prinzip Aug' um Auge bedeutet, dass am Ende kein Mensch mehr sieht und alle blind sind vor Hass und Angst und Rachegefühlen. Und jeder hat wieder Angst vor den Möglichkeiten des anderen, jeder wird zum Wolf des anderen. Wo ist denn damit einmal Schluss? Was soll mir denn, fügte Gandhi hinzu, für eine Erleichterung dabei werden, wenn ich weiß, es wird der andere genauso gequält, wie er mich gequält hat? Dann haben wir doch nur zwei Unglückliche, die in Zukunft noch mehr Grund haben, voreinander Angst zu haben. So werden wir niemals zu Menschen!

Was da in Amerika geschah, das können sich ja viele Menschen nur als eine weltweite Verschwörung vorstellen mit einem satanischen Bösewicht im Zentrum. Und dann ist doch die Frage, ob es nicht erlaubt ist, nachgerade geboten ist, diesen Bösewicht, der sozusagen das Böse verkörpert, zu bekämpfen und einen Krieg zu führen, den man einen gerechten Krieg nennen darf.

Die Problematik beginnt schon mit dem Begriff „gerechter Krieg". Die Absurdität dieser Formulierung ist von Erasmus von Rotterdam in der *Klage des Friedens* – der *querela pacis* – im 16. Jahrhundert formuliert worden. Wer, wenn es Krieg gibt, schreibt er da, wird denn seine Sache nicht für die gerechte halten? Damit Menschen gegeneinander antreten, im Willen zu sterben oder zu töten, muss in der Psychologie bei beiden Kombattanten die Vorstellung herrschen, dass das, was sie jetzt tun, auf Sein oder Nicht-Sein richtig ist, und zwar unter allen Umständen und durchsetzbar mit allen Mitteln, anders ist ein Krieg nicht möglich. Damit er geführt wird, muss eine moralische, religiöse, psychologische Aufrüstung auf beiden Seiten bis zum Äußersten gegangen sein. An dieser Stelle hat Clausewitz vor 200 Jahren völlig richtig im preußischen Militär über den Krieg nachgedacht, als er schrieb, jeder Krieg trage in sich die Tendenz, zum Äußersten zu gehen. Was er nicht gesagt hat, ist, dass dieser Schritt zum Äußersten seelisch längst vorbereitet sein muss, um die Menschen kriegsfähig zu machen. Sie brauchen ständig das absolut Böse, um mit gutem Gewissen töten zu können und sich dabei sogar erleichtert zu fühlen. Sie haben etwas Vernichtendes vernichtet, sie haben etwas Teuflisches ausgeschaltet, und das erscheint dann nach den Gesetzen der Logik als ein Riesenvorteil. Was wir nicht bedenken, ist, dass wir sofort in die Falle laufen, wenn wir von *dem* Bösen sprechen. Das ist ein vollkommenes Abstraktum und Absolutum, jenseits der Handlungsstrukturen, der konkreten Ursachen, also der Relativierungen, die in jeder Situation liegen. In einem zweiten Schritt projizieren wir dann das so abstrakte und vom Menschen entfernte Böse und personalisieren es in einem Einzelnen. Erst abstrahieren wir und dann personalisieren wir, und damit haben wir den Bösen ausgemacht. Der nächste Schritt besteht darin, dass wir isolieren. Wir setzen uns in die Möglichkeit, dass wir das jetzt so definierte und punktualisierte Böse in dieser einen Person nur wegradieren, nur zerstören, nur chirurgisch treffen müssten, dann hätten wir den Gesamtkörper wieder in Gesundheit vor uns. Wir sehen im Grunde das Böse magisch an und handeln danach. Mit solch einer Bewusstlosigkeit befinden wir

13

uns mitten in der Steinzeit. So mag das funktioniert haben bei irgendeiner Horde vor beliebig vielen tausend Jahren, die im Kampf um ein bestimmtes Gebiet nicht hätte überleben können, solange eine andere Horde dieselben Tiere bejagte. Wir als Menschen bräuchten heute bessere, humanere Formen des Umgangs, und wir sollten uns diesen Aberwitz –: abstrahieren, personalisieren, isolieren, um dann chirurgisch zuzuschlagen – nicht länger leisten. Wir haben am Ende die Welt nicht gebessert, aber am Anfang jedes Krieges steht das Versprechen: danach wird es gut, dann wird Frieden sein. Das kam noch nie, weil die Menschen geblieben sind, wie sie sind, lediglich mit einer noch schrecklicheren Akzeptanz des Grauens, das man ihnen verordnet hat.

In jeder Religion, zumindest in den drei großen monotheistischen Weltreligionen – also Judentum, Christentum und Islam – gibt es diese Auserwähltheitsidee, also man betrachtet sich als das auserwählte Volk oder als ein auserwähltes Volk Gottes. Was steckt dahinter? Ist es eine menschliche Hybris, ein Missbrauch von Religion?

Es ist, von uns her betrachtet und im Rückblick gesprochen, ein Missbrauch des Religiösen. Das Problem ist, dass es den Menschen, wenn sie so handeln, gar nicht bewusst ist. Einen gewissen Gruppenegoismus gibt es bei allen Menschen; man bildet sich ein, in irgendeinem Vergleichspunkt einer Konkurrenzgruppe überlegen zu sein. Die Sozialpsychologen sagen, man schafft sich ein positives Autostereotyp: Es muss ja einen Vorteil haben, dass man nun Katholik ist und nicht Protestant oder umgekehrt – oder Christ und nicht Muslim oder umgekehrt. Es soll einen Sinn haben, dass man dieser Gruppe angehört, und damit es einen Sinn bekommt, soll es weniger vorteilhaft sein, einer anderen Gruppe anzugehören. Aus ganz beliebigen, kulturell gegebenen Unterschieden werden plötzlich Qualifikationsansprüche nach besser und schlechter. Und kommt nun noch der Faktor der Angst hinzu, beginnt die eine Gruppe die andere zu fürchten, wachsen diese vermeintlichen Unterschiede ins Gigantische. Das ist bis dahin eigentlich ganz normal und hat mit Religion zunächst noch nichts zu tun. Das nächste ist, dass vor allem die biblische Frömmigkeit auf dem Auserwähltheitsgedanken basiert. Dahinter steckt etwas, das historisch gar nicht hoch genug zu würdigen wäre, hielte man sich im Positiven. Die Bibel ist tatsächlich eine kulturelle Leistung in dem Sinne, als der Glaube an viele Götter zugunsten des Monotheismus zum erstenmal aufgesprengt wird. An die Stelle der Mythologie tritt so etwas wie Theologie. Dass Gott ein einzelnes Volk erwählt hat und ständig in seine Geschichte eingreift, ist immer noch Geschichtsschreibung in mythischem Format. Aber gerade in der Idee, dass ein einzelner Gott dem Menschen gegenüber steht, überschreitet die Kultur eine Schwelle: jetzt ist der Mensch als Einzelner gemeint und in die Verantwortung genommen. Die Bibel hat in diesem Betracht etwas Neues in die Weltgeschichte gebracht, und insofern ist sie ausgezeichnet, einmalig. Der subjektive Reflex davon kann durchaus in einem solchen Auserwähltheitsanspruch bestehen, aber er müsste jetzt geistig weitergetragen werden. Stattdessen kann sehr schnell die historische Äußerlichkeit, in die das mal gebunden war, vor 3000 Jahren, beibehalten werden. Dann werden plötzlich aus der Religion ideologische Territorialansprüche auf ein bestimmtes Besitztum, und schon gerät man in Konkurrenz mit Menschen, die da leben, und plötzlich wird Religion zum Anspruchsrecht auf einen Teil der Erde gegen andere Menschen. Diese anderen Menschen haben eine andere Kultur, einen anderen Glauben, und werden geneigt sein, genau so darauf zu reagieren.

Man muss hinzufügen, dass das Christentum, das aus dem Judentum hervorgegangen ist, diesen Erwähltheitsanspruch noch viel weiter getrieben hat. Das Judentum ist in gewissem Sinne unter sich geblieben, es hat nie eine globale Missionstätigkeit begonnen; es gab Proselyten, es gab Bekehrte zum Judentum, aber es gab nicht das, was mit prophetischem Anspruch schon im ersten Jahrhundert, vor allem nach dem Untergang Jerusalems im Jahre 70, das Christentum sich zu tun bemüht: den Eingottglauben der Juden auszudehnen auf die Heiden. Daraus geht hervor, dass bereits in den ersten Jahrhunderten das Christentum eine Religion wird, die eine Intoleranz ermöglicht, die es im Römischen Reich vorher und nachher nie mehr gegeben hat. Da universalisiert sich etwas, das bis dahin exklusiv war, aber mit gleichem Absolutheitsanspruch.

Und im Islam kann man im 7. Jahrhundert etwas Ähnliches noch mal beobachten. Mohammed will eigentlich gar keine neue Religion gründen, aber er möchte die biblischen Religionen Judentum und Christentum auf gewisse Weise reinigen, dass sie nur noch an Gott glauben und nicht an einen Wust von Bestimmungen oder dogmatische Satzungen mit Sonderüberlieferungen. Er möchte die Religion einfach haben, so wie Noah oder Abraham sie hätte glauben können. Das, was Gott zu jeder Zeit jedem Menschen sagt, das möchte Mohammed auf arabisch sagen. Insofern versteht er sich als Erfüller aller Religionen; danach braucht im Grunde nichts mehr zu kommen. Das kann etwas ganz Richtiges sein, wenn man es geistig auffasst. Aber wenn es zum historischen Stillstand führt, zum bloßen dogmatischen Nachreden von etwas, das eigentlich prophetisch das Dogma zerbrechen wollte, dann gerät man in eine Ideologie hinein, die den Zustand der Religion bis zur Friedensunfähigkeit treibt. Dann wird nicht Versöhnung der Menschen, sondern Abspaltung der Menschen im Namen Gottes gepredigt und organisiert.

Die Kriege, die geführt wurden und die geführt werden – ob innerhalb des Christentums, des Judentums oder des Islams –, sind sie sozusagen Betriebsunfälle innerhalb einer

Religion, die mit der wahren Lehre und den sittlichen Idealen der Religionsstifter gar nichts zu tun haben?

Das ist eine schwierige Frage, weil sie abhängt von der Interpretation, in gewissem Sinne von der Sensibilität und vom Bildungsstand. Zugeben muss man ehrlicherweise, dass in allen heiligen Büchern, in der Bibel wie im Koran, furchtbare Sätze und Befehle stehen, um ganze Völker auszurotten. So etwas steht wirklich im Alten Testament. Was ist dann der „Betriebsunfall", wenn nicht eben, dass man Texte, die vor 3000 Jahren unter historischen Bedingungen vielleicht einen gewissen Sinn gemacht haben oder gemacht haben könnten, völlig unhistorisch in die Gegenwart stellt! Und die Leute, die die heiligen Texte jetzt so zitieren, als ob sie Ewigkeitswert hätten, können sich berufen auf Texte, die es gibt. Das ist mit dem Neuen Testament genauso möglich. „Gott will es!", das war der Schlachtruf im 13. Jahrhundert für die Kreuzzüge.

Vor vielen Jahren konnte ich im Topkapi-Serail-Museum in Istanbul mit einem frommen Muslim ein wunderbares Gespräch führen. Ich fragte ihn nach dem *djihad*, dem heiligen Krieg. Der Muslim lächelte über meinen Unverstand und sagte, der *djihad* ist nichts weiter als die Idee, sich einzusetzen für das Richtige. Und das bedeutet *djihad* auf arabisch wirklich: Einsatz, Anstrengung, Engagement! Erst wir haben im Erbe unserer Religions- und Kolonialkriege das Wort übersetzt mit „Heiliger Krieg". Es läge auch im Sinne des Islams, die Friedfertigkeit der Botschaft des Propheten von Mekka zu betonen. Leugnen lässt sich nicht, dass im Koran auch viele Kampfbefehle stehen, die schlimm sind und die man heute im Abstand von 1200 Jahren, falsch historisiert, zum Leben erweckt.

Die Religion müsste in jeder Form genau betrachtet werden, dann würde man sehen, dass es keinen Sinn macht, als Parteigänger oder Lokalgötzen für eine bestimmte regionale

Religion oder Kultur Gott zu reklamieren. Gott kann nicht identisch sein als jüdischer Gott mit dem mosaischen Gesetz; er kann nicht identisch sein mit der Auslegung, die das Judentum in der christlichen Religion gefunden hat; er kann nicht identisch sein mit dem Kolorit etwa der arabischen Halbinsel vor 1200 Jahren. Das wollte Mohammed ja sagen: Wer von Gott redet, meint doch den Gott aller Menschen! Also müssten wir im Namen Gottes aufeinander zugehen, damit wir uns der Macht, der wir uns allesamt verdanken, voll Vertrauen in die Hände geben können.

Wie überhaupt kann man es sich erklären, dass Religionen offenbar einen Nährboden für Hass und Gewalt abgeben und dass sie behaftet sind mit Intoleranz und Dogmatismus. Wie kann das sein?

Das liegt an einem Paradoxon. Wer von Religion redet, wer von Gott spricht, meint etwas Absolutes, und dann kommt es ganz schnell dahin, dass man dieses Absolute identifiziert mit dem Relativen, dass man das Universelle identifiziert mit dem Partikularen. Man glaubt dann Gott zu haben, nämlich in den Grenzen der eigenen Dogmen oder der eigenen Kirchenorganisationen oder der eigenen Kulturüberlieferung. Man nimmt Gott und schaut ihn gewissermaßen durch ein bestimmtes Fenster an, und dann glaubt man, die Sonne sei identisch mit dem Fenster, durch welches man sie sieht. Optisch ist das eine Täuschung, für die Psychologie aber ganz verheerend, weil Menschen, die es ja sehr gut meinen, nicht mehr imstande sind, das, was sie tun, zu relativieren und zu vermenschlichen. Man müsste religionspsychologisch sagen: Aller Fanatismus besteht darin, dass Menschen aufhören als Person zu existieren, sie rücken ganz und gar ins Über-Ich. Man hat ihnen beigebracht, dass sie nichts mehr falsch machen können, wenn sie das tun, was in der Tradition gelehrt wurde, was im System verewigt wurde, was von den handelnden und lehrenden Autoritäten vorgegeben wird. Wenn man nur gehorsam ist, wenn man ganz willfährig ist, wenn man alles tut, wie es gesagt wird, wenn man sich völlig einpasst ins System, dann muss man doch gerettet sein. Das sagen sie doch mehr oder minder in allen Kirchen.

In welcher Religion wird gesagt: Du musst den Mut haben, selber zu leben, du musst unter Umständen lieber heilige Gesetze brechen als das Herz eines Menschen, du musst selbst, was sie dir als Gott erklärt haben, in Frage stellen, wenn du begreifst, dass ein Mensch unter diesem Gottesbild dabei ist zu zerbrechen – oder womöglich du selber? Was Gott will, ist deine Person, deine Freiheit, also die Kontrolle deines eigenen Denkens, deiner eigenen Gefühle? – Das wären die Lehren, die Menschen daran hindern könnten, in den Fanatismus abzudriften. Aber so lange die Religion aus der Tradition verwaltet wird und so lange sie ein äußeres System ist und autoritär auftritt, identifiziert sie ständig menschliche Herrscher mit dem absoluten Herrscher, den wir Gott nennen. Sie ideologisiert dann die Macht ins Absolute, und die jeweilige Religion gibt sich selber als die einzige, zumindest als die beste Form, von Gott zu sprechen.

Friedrich Schiller hat vor 200 Jahren mal in den „Xenien" sich die Frage vorgelegt: Warum hast du keine Religion?, und seine Antwort war: Aus Religion! Er wollte sagen: Wer begreift, wovon er spricht, wenn er sagt „Gott", der muss doch von alleine darauf kommen, dass Gott nicht eingekerkert werden kann im Vatikan oder in der Kaaba in Mekka oder an der Tempelmauer in Jerusalem oder in der Grabeskirche in Jerusalem. Gehört denn Gott nicht die ganze Welt und bedeutet nicht ihn anzubeten, die Universalität der Menschlichkeit zu begreifen? Schaut man genau hin, ist es das, was alle Religionsstifter wirklich wollten, wenn man sie beim Wort nähme, so begrenzt auch ihre historischen Ausgangspunkte sein mögen. Jesus reduziert seine Botschaft ganz und gar auf Judäa, auf Israel. Aber was er dabei lehrt, ist eine

Menschlichkeit, die allen gilt, und ein Gott, der so weit ist wie der Himmel für die Wolken und die Schwalben. Er bekommt es fertig, bei Lukas im 10. Kapitel einen Samariter zum Vorbild zu erheben, wie man Gott findet, also jemanden, den ein Jude hassen muss, weil er orthodox genau das Gegenteil von dem denkt und sagt, was man als richtiger Jude denken und sagen muss. Dieser Samariter hasst den Tempel, will die Priester nicht, aber er hat plötzlich die Fähigkeit, in das Leid eines anderen Menschen hineinzugehen. Und Jesus sagt: Ich halte nicht nur für möglich, ich bin mir sicher: ein Priester, der an einem Menschen am Wegesrand vorbeigeht, im Wahn, er finde Gott im Tempel, indem er pünktlich seinen Dienst verrichtet, der verpasst Gott. Aber das ist die Religion der Priester, das sagen sie euch: Ihr findet Gott, wenn ihr Opfer bringt, wenn ihr pünktlich den Ritualdienst leistet, wenn ihr den Tempel heilig haltet. Wer hat euch je gesagt, dass ihr Gott überhaupt nur findet, wenn ihr mit Mitleid in das Leid eines Menschen geht! Nur da ist Gott, und ein leidender Mensch – man schaue sich um – ist überall zu finden. Also gehört doch Gott niemandem außer einem Herzen, das sich öffnet für einen anderen. Gelebte Menschlichkeit ist Religion.

Der Sündenfall
oder
Woher das Böse kommt

Herr Drewermann, wir stellen uns vor, da ist ein kleiner Junge. Und dieser Junge ist in den Augen seiner Mutter trotzig, widerborstig, ungehorsam, und sie sagt zu ihm: Du bist aber ein böser Junge! Was meint diese Mutter damit? Denn sie kann doch wohl nicht meinen, dass ihr kleiner Sohn von Natur aus böse ist.

Keine Mutter, die ihr Kind liebt, wird glauben, dass das Kind böse ist, aber es geschieht hier etwas, bei dem nach ihrer Vorstellung von Moral ein Gesetz übertreten wird, und zwar willentlich und mit einem Einschluss auch von Trotz und Widerborstigkeit. Und das möchte sie mit diesem Vorwurf wegdrücken. Was dabei pädagogisch geschieht, ist nicht ganz unbedenklich, denn die Mutter tut so, als wenn sie der Ort der Wahrheit, des richtigen Lebens sei, und das Kind in sich selber kein Organ hätte herauszufinden, wo das Gute und das Böse liegt. Nur wenn es dem Gehorsam eines fremden Befehls folgt, hat es eine Chance, „richtig" zu sein. Wenn Kinder nichts weiter lernen würden, als in dieser einen Szene mitgeteilt, folgen sie später einer Autoritätsmoral. Es sind ewig große Kinder, deren Prinzip, gut sein zu wollen, in der sozialen Angst vor Strafe liegt. Das Gute aber wird von der Autorität gesetzt. Die weiß über den Menschen Bescheid, und ihre Befehle zu befolgen, ist das Gute. Es gibt, glaube ich, im 20. Jahrhundert keinen Albtraum, der so schlimm wäre, wie die Folgen dieser Haltung. Alle Massaker, alle Gräuel wurden möglich, indem Menschen Befehle ausgeführt haben. Darum kann die Bestimmung: das Böse ist der Ungehorsam, in keiner Weise stimmen.

Zurück zu dem kleinen Jungen. Wenn er hört, dass er böse sei, dann muss es ja auch etwas Gutes geben. Aber dieser kleine Junge hat vielleicht noch gar keinen Begriff von Gut und Böse. Und erst dadurch, dass die Mutter sagt: Du bist böse, wird er zum ersten Mal gewahr, dass er offenbar etwas getan hat, was er nicht hätte tun sollen.

Ein Kind lernt in aller Regel von seiner Mutter, weil es die Mutter lieb hat, sich mit ihr auszutauschen, also auch Verzichtleistungen zu üben und den eigenen Willen einzuschränken. Je erwachsener ein Mensch wird, desto mehr wird er fähig, Rücksicht zu nehmen und zu merken, dass Gemeinsamkeit eine Prämie für ein solches Verhalten ist. Was in einer bestimmten Kultur dann für Gut und Böse erklärt wird, kann sehr relativ sein, braucht also dann auch spezifische Erziehung im Rahmen dieser Kultur. Doch dies ist nicht die ganz wesentliche Frage. Das Bedenkliche ist, dass man dem Menschen am Ende sein Gewissen stiehlt und die Befolgung von äußeren Geboten kraft der gesetzten Autorität identisch setzt mit dem, was gut sei. Das aber ist ein Prinzip der Unmoral. Wenn Menschen am Ende nur noch aus Angst vor den Strafen handeln, die die soziale Autorität über sie verhängen könnte, hat man im Grunde dressierte Automaten, keine Menschen mehr. Man hat ihnen dann das wichtigste, sensibelste Organ, das eigene Gewissen, weggestohlen.

Theologisch gesehen scheint es mir, dass das Böse durch den Sündenfall in die Welt kam. So lernen wir es eigentlich heute immer noch im Religionsunterricht, also die berühmte Geschichte, wo es im 1. Buch Mose heißt: „Die Schlange aber war listiger als alle Tiere des Feldes, die Gott der Herr gemacht hatte. Und sie sprach zum Weibe: Gott hat wohl gar gesagt, ihr dürft von keinem Baum des Gartens essen . . .“

Das Erstaunliche ist dabei, dass das Christentum im Grunde eine Wahrheit über den Menschen bereithält, die erschütternd ist und die sich weit unterscheidet von all dem, was in der Philosophie – zum Beispiel bei Immanuel Kant – gedacht wurde. Die Vorstellung, die man den Achtjährigen in der Schule vermittelt, ist im Grunde ethisch geprägt –: Der Mensch ist frei. Das bedeutet, er kann wählen zwischen Gut und Böse. Und wenn er das Böse tut, freiwillig, wird er schuldig und soll dafür bestraft werden, er kann aber auch seine Schuld wieder gutmachen. Das Christentum ist im Kern ganz anderer Meinung, weil die Menschen nicht wirklich böse sein wollen. Ich behaupte, dass Menschen, wenn sie wirklich etwas Böses tun, etwas, das im Kern böse ist, es nur tun, weil sie an sich selber zutiefst leiden. Die Meinung des Christentums liefert eine Diagnose über den Menschen, die ihn in seiner inneren Zerrissenheit zeigt. Das ist im Grunde gemeint mit dem Begriff der *Erbsünde,* einem Wort, das die wenigsten verstehen werden. Es ist belastet mit so viel unsinnigen Zusatzerklärungen, dass wir besser von der Unfreiheit des Menschen sprechen sollten, von seiner Verzweiflung und Ausweglosigkeit. Ich selber habe mich mit diesem Text aus dem 3. Kapitel im 1. Buch Mose viele Jahre in den drei Bänden *Strukturen des Bösen* beschäftigt – einfach, um davon wegzukommen, dass man Menschen immer wieder mit erhobenem Zeigefinger verurteilt. Wenn man sagt: Du hast Böses getan, malt man immer wieder in schwarz-weiß. Man hat immer Menschen, die man anklagt. Man appelliert dann an ihren Willen, aber man hat immer auch die Möglichkeit zu strafen. Und die einfache Erfahrung, auch der Mutter, die mit ihrem Kinde redet, wird darin liegen, dass sie weiß, wie begrenzt diese ganzen Verfahren sind. Einem Menschen, dem man ernsthaft sagen muss, was böse ist, also beispielsweise: Du darfst einen anderen nicht töten!, in dessen Seele muss viel passiert sein. Und man wird feststellen, dass alle moralische Forderung nichts mehr nützt. Wenn man wirklich jemandem sagen muss: Du darfst das Leben eines anderen nicht schädigen!, so müssen in ihm schon so viele soziale Gefühle zerstört sein, dass ein solches Gebot zu spät kommt.

In dem Bibeltext ist die Rede von einer *Schlange* – was immer das ist, müssen wir erläutern –, die *listiger* sei als alles, was Gott selbst gemacht habe. Dieses Wort „listig" ist dabei das Geniale. Gesagt werden soll in der Geschichte: Wenn du den Menschen verstehen willst, gerade dann, wenn er die schlimmsten Dinge tut, solltest du ihn nicht als Böswilligen betrachten. Du solltest von der moralischen Ebene ganz herunterkommen! Du müsstest dir vorstellen, dass ein Mensch alles tun will, wovon er glaubt, glücklich zu werden und den andern glücklich zu machen. Aber er wird hereingelegt. Er ist ein Überlisteter. Die Schwarz-Weiß-Moral aus amerikanischen Spielfilmen stimmt überhaupt nicht. Dort sieht man sofort, wer böse ist, schon weil der unrasiert herum läuft. Dort ist die Welt ganz einfach einzuteilen, wie zwischen links und rechts, nach schwarz und weiß. Das wirklich Schwierige ist, die Übergänge zu formulieren, wie Menschen, die an sich etwas Gutes tun möchten, am Ende hereingelegt werden und das Opfer ihrer eigenen Motivation werden –: das steht hinter diesem kleinen Wort „List". Du musst die Menschen durch ihr eigenes Herz als Betrogene betrachten. Dann beginnst du, sie zu verstehen. Und die Frage ist dann: Wie kannst du ihnen helfen? Mit Vorwürfen und durch Vermehrung von Gesetzen kann man keine Therapie machen.

Die Tatsache, dass in der Geschichte vom Sündenfall die Schlange ihre List ausspielen kann, kommt ja nur daher, dass es überhaupt ein Gebot gibt – oder ein Verbot: Gott hat gesagt, ihr dürft von allen Früchten essen, nur von dem Baum, der inmitten des Gartens steht, von dem Baum der Erkenntnis, von dem dürft ihr nicht essen! – Und dann sagt die Schlange zum Weibe: Mitnichten würdet ihr sterben, wenn ihr von diesem Baume esset, sondern es würden euch die

Augen aufgehen und ihr würdet sein wie Gott und wissen, was gut und böse ist.

In welchem Sinne kann eine *Schlange* listig genannt werden? Natürlich lebt diese Schlange, von der da die Rede ist, nicht in einem Zoo, sondern sie ist hier ein Symbol. Man muss hinzufügen, dass gerade die Kirche bis heute mit einem der wichtigsten Texte der Bibel nicht zurechtkommt. Sie hat am Anfang dieses Jahrhunderts in vatikanischen Erklärungen gesagt: Man muss den Text ganz wörtlich nehmen. Die Schlange hat so gesprochen, das muss man glauben. Und noch 1992 wird im Weltkatechismus behauptet: Dieser Text ist historisch. Aber man tut dem Text damit Unrecht, denn es geht im Grunde um eine Wesensbeschreibung dessen, was in jedem Menschen vor sich geht. Und es ist auch nicht richtig, wenn die katholische Kirche sagt: Die Schlange ist der Teufel, der hat die Menschen verführt. Die Hebräer kannten, als dieser Text entstand, keinen Teufel. Es gibt aber in der Schöpfung Gottes etwas, das den Menschen gänzlich durcheinander bringt. Und da müsste man dieses Symbol der Schlange, so wie es in den Mythen oder den Märchen auftaucht, einmal beim Wort nehmen. Im Untergrund der Welt liegt notwendig der gähnende Rachen des Abgrundes, des Nichtseins, des Zufalls, der Kontingenz und den symbolisiert die Schlange. Menschen beginnen, darüber nachzudenken, warum es sie gibt und in welch eine Welt sie hineingeboren sind. Nur wir Menschen können darüber nachdenken und wir werden finden, dass wir eines Tages sterben müssen. Wir begreifen die Endlichkeit dieser Welt und die Zufälligkeit dieser Welt. Wir fragen uns, welch eine Berechtigung wir haben zu existieren – und finden keine Antwort. Dafür steht die Schlange: dass sich in unserem Bewusstsein Fragen aus dem Abgrund zu Wort melden und eine Antwort haben möchten.

Die Frage der Schlange ist genial. Gott hat tatsächlich etwas verboten – aus Gründen, die wir hier noch nicht kennen können. Sie also fragt danach, ob Gott wohl gesagt hat: Von keinem der Bäume des Gartens dürft ihr essen! Gott hat aber gesagt: Von einem einzigen Baum sollt ihr nicht essen! Die Schlange macht daraus ein Totalverbot. Sie handelt im Grunde nicht anders, als es jeder fromme Theologe auch tun würde: Er erkundigt sich nach einem göttlichen Gebot. Wohl gemerkt: *So* fängt die Geschichte des Bösen an. Sie beginnt damit, dass man fragt, was Gott wohl gesagt hat. Harmloser kann es nicht beginnen. Was sollte weniger verboten sein, als wissen zu wollen, was Gott gesagt hat! Das Geschick der Schlange liegt nun darin, dass sie das, was Gott gesagt hat, in die Angst hineintaucht. Könnte es sein, dass ein einziges Gebot, an einer einzigen Stelle der Welt, nicht den Zweck hat, den Menschen zu schützen – vor seinem Elend, vor seinem Leid, vor seinem Grauen vor dem Sterben? Sondern dass Gott vielmehr ein Diktator ist, der dem Menschen die ganze Welt köstlich zu Füßen legt, nur um sie zu verbieten? Würden wir unter unseren Kanzeln die Leute fragen, wie sie sich Gott vorstellen, hätte das viel Ähnlichkeit mit diesem Gottesbild! Die Guten sind gewissermaßen damit bestraft, dass sie gut sind, denn die Bösen haben die Möglichkeit, die Gebote zu übertreten. Im Schatten dieser Vorstellung ist Gott ständig zwiespältig. Er ist im Grunde immer ein Strafe- und Würgeengel, der Dinge gebietet und verbietet, die man gar nicht richtig versteht. Das wäre dann die Überautorität, bei der die Menschen einer Sache nur folgen müssen, weil sie geboten wurde. Das erreicht die Schlange mit einer einzigen Frage, mit der Frage nach dem, was Gott gesagt hat.

Und dann ist die Antwort der Frau an dieser Stelle so wichtig. Sie erklärt, das, was die Schlange Gott in den Mund legt, hat Gott doch gar nicht gesagt. Gott hat nur ein einziges verboten. Aber dann fügt sie das scheinbar wörtliche Zitat von Gott hinzu, der gesagt hat: Esset nicht davon *und rührt nicht daran,* sonst müsst ihr sterben! – Doch dieses „Rührt nicht daran!" hat Gott überhaupt nicht geboten. Aber das

Entscheidende in der Psychologie dieser Geschichte ist, dass ein einziger Punkt, der verboten wurde, sich zum ganzen Weltbild totalisiert. Und dann sinkt dieser Punkt zurück an eine einzige Stelle, die wie magisch aufgeladen wird. Alles Glück der Welt wird konzentriert in einem einzigen Gegenstand, und der ist verboten! Der ist ein Tabu. Und man darf nicht einmal daran rühren, denn sonst würde der Tod darauf stehen. Man muss noch einmal sagen: Wenn Menschen mit erhobenen Händen durch die Welt laufen, weil sie an etwas Bestimmtes nicht rühren dürfen, weil es verboten ist, dann hört die Welt auf, das Paradies zu sein, das sie hätte sein sollen und immer noch sein könnte. Es formt sich die ganze Welt plötzlich zu einer Bühne der Angst. Da steht etwas wie ein Magnetberg, der jedes Schiff zum Zerschellen bringen wird. Und nun das Entscheidende: In diese Angst hinein spricht die Schlange sinngemäß: Du musst vor Gott nicht Angst haben. Die Wahrheit ist, dass Gott Angst hat vor den ungeheuren Möglichkeiten, die in euch als Menschen liegen. Und wenn ihr die ergreift, seid ihr genauso wie Gott. Statt Gott zu fürchten, müsst ihr die Möglichkeiten entdecken, die in euch sind. Durch ein bloßes Essen könnt ihr wissend werden wie Gott!

Wenn wir von gut und böse reden, meinen wir es im moralischen Sinne. Und wenn der Mensch die Freiheit hat, sich für das Gute oder das Böse zu entscheiden, und er entscheidet sich dann für das Böse – was ist es dann, was das in ihm auslöst, sich für das Böse zu entscheiden, wo er doch genauso das Gute tun könnte – oder das Böse lassen könnte?

Dieser Text ist eigentlich die Grundanregung für das Christentum. Wenn das Christentum, wenn die Kirchen begreifen würden, mit welchen Urkunden sie hier arbeiten, was Paulus oder Luther gemeint haben, müsste es sich darüber Rechenschaft geben, dass das Sprechen von der menschlichen Freiheit entweder zu früh oder zu spät kommt. Diese Geschichte erzählt ja gerade, wie die Freiheit des Menschen selber Angst macht. Man könnte den verbotenen Baum berühren, aber darauf steht die Todesstrafe. Wenn die Freiheit selber Grund der Angst ist, wie hält der Mensch dann seine Angst aus? Das ist die Frage solcher Texte. Sie versuchen zu zeigen, wie Menschen nicht mal hier und da etwas falsch machen, sondern wie sie in ihrer ganzen Lebensausrichtung ins Leidvolle, ins Quälende geraten und dann auch um sich her Leid und Zerstörung verbreiten. Was geht da in Menschen vor?

Gehen wir noch einmal auf die Ausgangsbestimmung der kirchlichen Doktrin zurück: das Böse sei der Ungehorsam gegenüber Gott oder der Stolz des Menschen, sein zu wollen wie Gott. Selbst diese Auslegungen verlangen ja eine tiefere Erklärung. Ein Mensch, der stolz ist, ist ja nicht in Übereinstimmung mit sich selber. Das deutsche Wort *böse* kommt aus der indogermanischen Wurzel *bhou-*, was so viel heißt wie: sich aufblasen. Wenn wir eine Vorstellung davon wollen, wie Menschen böse werden, können wir an eine Fabel von Lafontaine erinnern: An einem Nachmittag sieht ein Frosch auf einer Wiese einen Ochsen. Der macht ihm Angst, weil er so riesengroß ist, und der Frosch beginnt sich aufzublasen. Er möchte ähnlich imposant erscheinen. Er bläst und bläst sich auf, bis dass er platzt. – Das eigentlich ist das Böse: dass man aus lauter Angst das eigene Maß verliert. Jemand, der stolz ist, kann nicht glauben, dass er so, wie er ist, geliebt werden könnte. Darum läuft er ständig mit Attrappen herum, stellt dauernd etwas dar, das er gar nicht ist, und bildet sich darauf etwas ein. Er verliert das eigene Maß. Und dadurch verliert er seine Identität, wird er im Grunde ein chronischer Lügner an sich selber. Er kann dann auch im moralischen Sinne nicht mehr gut sein. So viel zum „Stolz". Und zum „Ungehorsam"?

Wir haben gesehen, wie furchtbar in der Geschichte des 20. Jahrhunderts die Gehorsamsmoral Menschen zu Verbrechern wider Willen gemacht hat, Millionen von Menschen. Die Gehorsamsmoral besteht nur aus Angst. Sie hinterlässt im Grunde nur noch mechanisierte Kolonnen, in denen jeder sich weigert, ein Individuum zu sein, und fürchtet, von der Autorität am Kragen gepackt zu werden. Wie werden Menschen selbstbewusste Individuen? Wie bekommen sie einen Bereich der Angstfreiheit, die ihnen überhaupt erst erlaubt, Verantwortung wahrzunehmen? Es gibt, glaube ich, nur die beiden Alternativen: Entweder man nimmt dem Menschen die Freiheit weg, damit er keine Angst mehr hat –, die Lösung von Dostojewskis Großinquisitor, die Lösung jeder Diktatur in Staat und Kirche. Oder aber: man setzt gegen die Angst, die es kostet, ein Individuum und eine Person zu sein, eine andere Person, die Zuwendung, Bejahung und Geborgenheit vermittelt. Nur dann, im Umfeld einer unbedingten Geborgenheit, können Menschen gut werden. Das ist die Erfahrung der Psychotherapie und im Grunde Kerninhalt des ganzen Christentums.

Ist der Theologe Eugen Drewermann der Meinung, dass – wie es das Gute gibt und das Böse in vielen Abstufungen – es auch das absolut Böse gibt? Könnte man z. B. sagen, dass das Wort Auschwitz eine Metapher für das absolut Böse ist?

Das Problem ist, dass es kaum anders möglich sein wird, so zu denken und zu sprechen, gleichzeitig aber ganz unmöglich ist, Auschwitz durch bloßes Verbot aus der Welt zu bringen. Es ist eine unheimliche Möglichkeit, die in uns Menschen liegt, aus lauter Gehorsam furchtbare Verbrechen begehen zu können. Es ist möglich, dass ganze Kulturregionen in einen Zustand des kollektiven Wahns geraten. Es ist politisch möglich, dass die Angst eine Art von Massenhysterie in Gang setzt, die in einem absoluten Führer Beruhigung sucht. Deshalb scheint es mir richtig zu sagen: Wir Menschen sind relative Wesen. Und selbst das Grausigste an Unmenschlichkeit, das wir tun können, bleibt in diesem relativen Raum. Das heißt, wir müssen begreifen, warum es geschieht, sonst werden wir es nie ändern. Die Verurteilung schafft es nicht aus der Welt. Die Hinrichtung des Verbrechers macht die Menschen nicht besser. Das alles geht ja in uns selber vor sich und wir hängen zusammen. Dieselbe Geschichte im 1. Buch Mose berichtet am Ende, wie die Frau, die gerade die verbotene Frucht genommen hat, sie auch ihrem Manne gibt. Sie gibt sie weiter als eine Gabe der Liebe. Dann gehen beiden die Augen auf, und die Geschichte erzählt uns, was wirklich *gut* und *böse* ist. Die Menschen merken, dass sie nackt sind, und sie fangen an, sich dafür zu schämen. Jeder Mensch, so wie er ist, hätte überhaupt keinen Grund, sich zu schämen, wenn ihn Augen anschauen, die wohlwollend sind. Aber Augen, die ihn von Angst geprägt anschauen, kritisch, Schwächen herausfindend, raubtierähnlich, werden den Menschen dahin bringen, dass er sich mit Feigenlaub schützen muss für seine Schwächen, dass er sich schämt dafür, nur ein Mensch zu sein. Und dann beginnt die Orgie von Gewalt und Zerstörung. Man kämpft gegen sich selber. Man kämpft gegen den anderen. Jeder hat Angst vor dem anderen, und es schaukelt sich immer furchtbarer auf. Da müssen wir sehen, dass wir Menschen zusammenhängen, untrennbar zusammenhängen – im Guten wie im Bösen. Es ist nicht möglich zu sagen, dass es nur hier passiert. Absolut vom Bösen zu reden heißt ja, wir isolieren uns aus dem Kontext und sitzen dann zu Gericht, wie wenn wir selber der liebe Gott über den Teufel wären. Das steht uns nicht zu.

Ein SS-Mann, der einer Mutter aus ihren Armen ein kleines Kind wegnimmt – und dann das Köpfchen des Kindes mit dem Gewehrkolben zerschlägt. Er sieht die angsterfüllten bittenden Augen dieser Mutter. Warum tut er dennoch dieses unfassbar Böse?

Für mich ist dies das Schlimmste, das man einem Menschen beibringen kann, dass seine Gefühle, das, was er an Empfindungen von Menschlichkeit in sich trägt, weggeredet wird. Auf jedem Kasernenhof passiert das. Das, was du spürst an unmittelbarer Menschlichkeit, wird weggedrillt, wird wegerzogen. Du musst draufhalten, du musst schießen: drüben ist dein Feind! Und zum Feind gehören alle, die auf der anderen Frontseite sind. Und also musst du töten. Krieg besteht darin zu töten, für welche Zwecke auch immer – sie mögen noch so human, gerecht, religiös oder wie immer gerechtfertigt erscheinen. Die Aktion des Krieges ist zu töten, und dazu muss man Gefühle unterdrücken. Das kann man offensichtlich. Man hat am Ende keinen Halt mehr. Nur noch der Befehl gilt. Ausrottung und Vertreibung sind Teil militärischer Operationen. Wir haben am Ende die Moral selber zusammengezogen zu den Gruppeninteressen, die jeweils polar gegeneinander stehen. Die Menschlichkeit konzentriert sich zur Sachwaltung der eigenen Interessen, der eigenen Gruppe. Und drüben, jenseits der Front, ist der Unmensch, ist der Teufel, ist das absolut Böse. Wenn man Menschen töten will, muss man dauernd diese mythischen Schablonen gebrauchen. Deshalb liegt mir daran zu sagen: Wenn wir überhaupt so beginnen, Menschen absolut böse zu sprechen, sind wir in einer Wahnwelt der Mythologie. Wir hören auf zu verstehen. Wir selber projizieren uns in die apokalyptische Rolle des Erzengels Michael, der jetzt Front macht gegen die ewige Schlange. Aber genau dies entspricht diesem Bibeltext in Genesis 3 gerade nicht. Der Text erzählt, wie Menschen durch lauter Angst zu armen Teufeln werden. Das einzige, was sie brauchen, sind eben nicht Verurteilung und nicht Schuldsprüche, sondern eine Begleitung quer durch die ganze Geschichte. Und das ist die Fortsetzung der Erzählung: Gott selber möchte dem Menschen ersparen, dass er sich schämt. Er macht ihm Fellröcke. Er muss ihn aus der Welt vertreiben, die einmal ein wirkliches Paradies war, denn Menschen in

Angst werden die Welt nie mehr als einen Garten der Geborgenheit fühlen. Aber Gott möchte, dass die Menschen sich wenigstens nicht schämen müssten, der eine vor dem anderen, dass sie nicht lügen müssten, gerade in der Zärtlichkeit der Liebe.

Das ist das wirkliche Problem: Die Moral kommt immer zu spät, wenn sie sich an den Symptomen festbeißt. Wir aber müssen erklären, worin die Menschen ihre Krankheit spüren. Deshalb müssen wir reden von Angst und von Unglück und Leid, damit wir den Menschen verstehen und durch Verstehen heilen. Die Bibel schildert einen Gott, der gar nicht strafen möchte. Die Menschen ziehen lediglich die Folgen ihres eigenen Tuns auf sich. Aber Gott will sie begleiten mit einer enormen Geduld. Und am Ende stellt er fest: Er kann gar nicht mehr verurteilen, denn wenn er erst mal anfinge zu strafen, müsste er eine zweite Sintflut schicken. Das hätte überhaupt kein Ende. Gott kann nicht sich fühlen wie ein Chirurg, der im OP die Krankheit aus dem Körper schneidet und anschließend den Patienten als gesund entlässt. Wir aber haben immer noch eine Kultur, in der, wie beispielsweise in den USA, die Todesstrafe akzeptiert wird. Man glaubt wirklich, die Menschheit zu verbessern, indem man die Krebsgeschwüre der Verbrecher isoliert herausschneidet.

Wenn ein Mensch vor einer konkreten Entscheidung steht und sein Gewissen sagt ihm: Diese Entscheidung ist eigentlich die gute und die andere ist eigentlich die böse. Was muss in ihm ausgelöst werden oder was muss er selber in sich auslösen, um sich für die gute Sache zu entscheiden?

Diese Frage taucht ganz oft in der Psychotherapie auf – und ich habe noch nie erlebt, dass wir die moralischen Begriffe so zweiwertig – einfach polar wie hell und dunkel – einander zuordnen könnten. Das, was Menschen tun müssen, werden sie spüren, wenn sie bei sich selber ankommen. Ich kann in der Psychotherapie nicht wissen, ob man eine Ehe nun scheiden soll oder nicht. Ich kann es wirklich nicht wissen. Die Frau, die vor mir sitzt, weiß es selber nicht. Aber wenn sie sich gefunden hat, wenn sie ihre eigenen Gefühle wiedergefunden hat, dann bin ich überzeugt, dass der Boden bereitet ist, auch das Richtige zu tun. Sören Kierkegaard hat einmal gesagt: Mit den Menschen geht es wie mit Leuten, die auf einem Turm stehen. Sie schauen herab und sehen unter sich den Abgrund, starren hinein und beginnen, schwindelig zu werden. Alles dreht sich unter ihren Füßen – und sie stürzen ab. Sie werden angezogen von genau dem Punkt, den sie am meisten meiden möchten. Man könnte denken, jemand, der wegen der Schwindelgefühle abstürzt, ist nicht verantwortlich. Kierkegaard aber sagt: Was wäre denn gewesen, wenn er nicht in den Abgrund geschaut hätte?

Menschen werden wie hypnotisiert von der Angst, hypnotisiert von dem, was sie nicht tun möchten. Und die Frage ist: Wie kommen sie davon los? Die Welt könnte so reich sein, das Glück so weit, der Mensch so groß. Das ist spürbar zu machen! Durch Güte überwindet man das Böse, durch Gutsein lehrt man den Menschen, sich selber zu finden. Und dann wird man entdecken: der Mensch, der böse ist in Angst, kann gut sein im Vertrauen.

Der Wolf und die sieben jungen Geißlein
oder
Wie man die Angst überwindet

Das Märchen „Der Wolf und die sieben jungen Geißlein" ge-
hört zu den bekanntesten Märchen der Brüder Grimm, und
ich will einmal den Anfang dieses Märchens zitieren. Dort
heißt es: „Es war einmal eine alte Geiß, die hatte sieben jun-
ge Geißlein, und hatte sie lieb, wie eine Mutter ihre Kinder
lieb hat." Wie es scheint, eine einfache, klare Aussage – und
doch meine Frage: Wie hat denn eine Mutter ihre Kinder lieb?

Die Brüder Grimm wollen ganz sicher sagen: von Herzen lieb.
Und so würden wir es allen Kindern wünschen und allen Müt-
tern, die Kinder erziehen. Nun ist es aber so, dass die Brüder
Grimm ja gar nicht einfach eine Familiengeschichte vortragen,
sondern sie reden von Tieren, meinen aber Menschen. Die
Erzählform dafür ist gewöhnlich die Fabel. Eine Fabel erzählt
mit moralisch erhobenem Zeigefinger, um etwas zu lehren,
das wir dann zu übernehmen haben. Dies ist aber ein wirkliches Märchen, nur es malt Menschen im Porträt von Tieren.

Uns selbst geht es ja auch manchmal so: Wenn wir sehr
starke Gefühle haben, sind wir geneigt, den anderen in Tier-
vergleichen zu schildern. Wir lieben ihn sehr, und dann ist
er mein Häschen oder mein Täubchen oder mein Kätzchen
und ganz schnurrig und ganz lieb. Oder wir sind sehr wütend
auf ihn, dann ist er ein Esel, ein Schaf, ein Ochse oder was
uns sonst einfällt. Je tiefer wir Menschen fühlen, desto näher sind wir den Tieren, denn alle Gefühle in unserer Seele
stammen aus der Tierreihe. Also muss man sich fragen: Was
hat das für einen Sinn, wenn eine Frau, eine Mutter als eine
Geißenmama mit sieben Geißlein geschildert wird?

Es ist eine *alte* Geiß, und es liegt sofort auf der Hand sich zu fragen: Wann nennt man eine Frau eine alte Ziege? Das soll nicht heißen, dass sie körperlich schon sehr alt geworden ist; es soll ganz sicher besagen, dass wir sie überhaupt nie anders kennen. Sie ist eine Frau, die ständig was zu meckern hat, so müsste man sagen. Es ist ihr nichts recht zu machen. Man muss denken, da ist eine Psychologie am Werke, die dahin führt, dass ein Mensch seine Wünsche niemals dann äußert, wenn er sollte, sondern dass da eine Angstsperre ist, die ihn hindert, das zu nehmen, was seinen Bedürfnissen entspricht. Ein solcher Mensch wird im Nachhinein immer Klage führen, nichts bekommen zu haben. Eine Mutter, die fast immer am Rande eines Nervenzusammenbruchs ist. In einer solchen Familie mit sieben Geißlein herrscht keine Stille und Beschaulichkeit; man muss sich vorstellen, da wird ständig herumgesprungen, da ist permanent etwas los. Wir sollten denken, diese Frau lebt gar nicht als Person, sie lebt als Mutter für ihre Kinder, und in dieser Rolle geht sie gänzlich auf.

Und das hat ja offenbar viel zu tun mit der Ausgangssituation des Märchens, denn diese Geißenmutter ist ja offenbar eine alleinerziehende Mutter, die Mühe hat, ihre sieben Kids ohne Mitwirkung eines Mannes hochzubringen. Man kann sich vorstellen, dass diese Geißenmutter ständig an Überforderung leidet.

Das Thema dieser ganzen Geschichte beginnt mit dem Essen, und es ist am Ende sogar das Verschlingen und Verschlungenwerden das Zentralmotiv des Märchens vom Wolf und den sieben Geißlein. Die alleinerziehende Mutter ist einfach feststellbar; es gibt keinen Mann in dieser Familie, der ihr zur Seite steht, allenfalls dass wir den Wolf als solch ein männliches Schattenbild einordnen. Aber so wird es nicht berichtet. Ich kenne viele Frauen, die an der Seite eines Mannes leben, aber dieser Mann spielt in all den Momenten, wo er gebraucht würde – in Angst und Not und in der Einsamkeit der Frau –, keine wirkliche Rolle. Er hat sich aus dem Staube gemacht, seelisch oder wirklich. Er ist durch den Beruf absorbiert, er ist zum Stammtisch unterwegs, er ist nicht da, wenn er nötig wäre. Es kann auch dahin kommen, dass eine Frau mit einem Mann kaum etwas Rechtes anzufangen weiß. Sie hat ihren Mann, damit sie am Ende sieben Kinder hat. Und dann hat er eigentlich seine Pflicht getan. Sie ist die Mutter, und Mutter und Kinder schließen sich in einer Einheit zusammen. Der Mann hat innerhalb dieses Geflechts keine aktive Rolle mehr zu spielen. Wie viele Frauen gibt es, die vom Mädchen zur Mutter werden mussten, aber nie die Erlaubnis hatten, wirklich zur Frau zu reifen, oder man hat ihnen beigebracht, dass sie als Frau etwas Minderwertiges sind. Erst in der Rolle der Mutter sind sie gesellschaftlich wieder akzeptiert. Oder ein anderer Zugangsweg: Eine Frau hatte schon eine relativ unglückliche Kindheit im Schatten ihrer eigenen Eltern, und sie hat beschlossen, dass mindestens *ein* Kind einmal auf der Welt sein soll, das glücklicher wäre, das eine Jugend so erleben würde, wie sie sich selbst die Jugend gewünscht hätte. Sie lebt also nicht für sich, sondern sie delegiert ihre Wünsche in das Leben des Kindes hinein. Dann hat man eine Frau, die nur Mutter ist für sieben Kinder – oder auch nur für ein einziges Kind! Ein dichtes Geflecht mit viel gutem Willen, aber immer auch am Rand der Überforderung.

Und ist es in unserem Märchen nicht so, dass die Geißen-mutter sich selber, moralisch gesehen, ständig unter Druck setzt, dass sie deshalb auch das betreibt, was man Über-versorgung nennen könnte, dass sie die Kinder auch gar nicht mit der Welt draußen in Berührung kommen lässt! Sie isoliert ihre Kinder in dem Haus, in dem sie mit ihnen wohnt, und so können die Geißlein im Grunde gar kein Vertrauen zu sich selber gewinnen, um mit der Umwelt draußen zu-

recht zu kommen. Entsteht deshalb in ihnen das, was man einfach Angst nennt?

Das ist ein sehr komplizierter Zusammenhang, aber er existiert. Eine Frau will für die Kinder da sein als Mutter, darin fühlt sie sich wohl, darin sieht sie ihre Lebensaufgabe. Wenn ihr das gelingt, findet sie darin den Grund ihrer eigenen Zufriedenheit. Auf der anderen Seite kann es natürlich dahin führen, dass den Kindern viel abgenommen wird. In gewissem Sinne kann eine solche Mutter sogar verwöhnend wirken. Wirkliche Belastungen, Auseinandersetzungen mit der Welt draußen, versucht sie den Kindern zu ersparen. Sie will sie in gewissem Sinne abschirmen vor der Welt, die sie zum Teil womöglich selber fürchtet. Die Welt draußen mag unheimlich sein, voller Gefahren, aber die Kinder will man davor bewahren, man will sie beschützen. Eine solche Frau, die wesentlich als Muttertier hier dargestellt wird, als Geißenmama, hat im Übrigen nicht den Abstand oder die Größe, die diesem Tiersymbol in der Geschichte der Menschheit zukommt. Man hat die Große Mutter im Bilde etwa der heiligen Kuh, der *Hathor*-Kuh im alten Ägypten; da trägt sie mit ihrem Gehörn die Sonne über den Himmel, da schenkt sie der Welt alle Fruchtbarkeit, sie ist majestätisch und gewaltig. Eine solche Ziegenmama aber ist völlig hilflos den Auseinandersetzungen preisgegeben, sie hat nicht diesen Himmelabstand, sie wölbt sich nicht über die kleine Welt ihrer Kinder, sie ist mittendrin verflochten.

Und jetzt muss man denken, dass mitunter auch ein Widerwille bei der liebsten Mutter der Welt auftaucht. Es kann ihr mitunter zu viel werden, sie möchte manchmal Nein sagen, darf aber gar nicht Nein sagen, ihr Pflichtgefühl gebietet, dabei zu bleiben, und so kommt es zu einer ständigen Ambivalenz. Die Kinder spüren den guten Willen, aber sie fürchten auch abgelehnt zu werden, und beides fließt unerkennbar ineinander. Man liebt die Mutter, hat aber auch Angst vor der

Mutter, und noch viel ärger: Man übernimmt die Angst der Mutter vor der Welt, der sie selber auszuweichen sucht in der Rolle der Frau mit den sieben Kindern.

Wir müssen noch hinzufügen, dass diese sieben Kinder in den Tagen, als die Brüder Grimm ihr Märchen schrieben, im Durchschnitt der deutschen Bevölkerung lagen. Eine Frau verbrauchte sich, sagen wir zwischen dem 18. und dem 38. Lebensjahr, in der Geburt von zehn bis fünfzehn Kindern, von denen vierzig, fünfzig Prozent an allen möglichen Krankheiten sehr früh starben. So blieben dann am Ende im Durchschnitt sieben Kinder übrig. Das war die soziale Realität. Eine Frau hatte sich wesentlich in dieser definierten Aufgabe zu verschleißen.

In unserem Märchen geht es ja so weiter, dass die Geißenmutter sagt, sie wolle in den Wald gehen, um dort Futter zu suchen, und ehe sie das Haus verlässt, sagt sie zu den Geißlein: „Liebe Kinder, ich will hinausgehen in den Wald, seid auf eurer Hut vor dem Wolf. Wenn er hereinkommt, so frisst er euch alle mit Haut und Haar." Und sie gibt noch Verhaltensregeln und sagt. „Der Bösewicht verstellt sich oft, aber an seiner rauen Stimme und an seinen schwarzen Füßen werdet ihr ihn gleich erkennen."

Die Frage ist ja, wie liest man die Märchen. Das, was sie uns oft zumuten ist ein Bruch mit unserer normalen Alltagsvernunft. Wir sind es gewohnt, die Dinge zu nehmen, wie sie sind. Ein Mensch will gut sein, und er ist gut. So wie ein Bleistift auf dem Tisch liegt, er ist dann nur der Bleistift. Was die Märchen natürlich sehen, was die Psychologie uns zeigt, ist, dass wir niemals nur das eine sind, sondern auch das andere. Indem wir bestrebt sind, so zu werden, wie es dem Ideal nach sein sollte, bringen wir unter viel Licht auch viel Schatten hervor. Und so hält dieses Märchen die Möglichkeit bereit, dass in einer Mutter, die nichts sein möchte als eine gute

Geißenmama – immer zuständig, immer fürsorglich, immer nährend, immer sprungbereit –, auch eine Frau im Hintergrund lebt, die sehr wölfische Züge haben kann. Die Kinder werden nicht selbstständig, sondern die Mutter identifiziert sich mit den Kindern. Sie frisst im Grunde die Kinder wie ihr Nahrungsmittel. Die Kinder sind das Substitut des Lebens, das sie selber nicht führt. Aber nun kann es wirklich so kommen, dass die Momente eines Wolfs passend werden, die raue Stimme, die gewalttätigen Pfoten.

Ich gebe ein kleines Beispiel, um das vorstellbar zu machen: Eine Frau erzählt, dass sie als Kind im Garten spielt, und plötzlich hört sie aus der Küche die Mutter schreien: Warum hast du nicht aufgepasst! Die Milch war übergekocht. Das Kind sollte überhaupt nicht auf die Milch aufpassen. Man muss sich vorstellen, dass diese Mutter daran gedacht hat, wie sie das Mittagessen möglichst schön für ihr Mädchen bereitet, und es sollte sogar Nachtisch geben, Griespudding sollte es sein. Aber man zauberte vor 40 Jahren Griespudding nicht aus der Tüte, es kostete halt Zeit. Die Milch musste gekocht werden, der Gries eingerührt werden, es war zusätzliche Arbeit. Sie wollte schon etwas anderes machen, und dann hatte sie den Moment verpasst, wo die Milch aufkocht. Jetzt noch die Sauerei, der Herd musste wieder geputzt werden, und das alles für dies Balg. Das Kind konnte überhaupt nichts dafür, es ist ein ganz liebes Mädchen gewesen. Aber die Mutter wird plötzlich wütend auf den Anlass, der sie wütend gemacht hat. Sie hat all das nur getan für das Kind, aber das Kind ist plötzlich an der Jähzornsreaktion schuld, dass sie das alles machen musste und dass es sogar schief gegangen ist – und dann wird das Kind zum Blitzableiter! Da wird aus der ganz lieben Geißenmama mit der Milch, die gerade gekocht wird, ein fressender Wolf von Vorwürfen und Schuldgefühlen, und zwischen dem einen und dem anderen gibt es gar keinen definierten Übergang. Dieses Kind wird in Zukunft immer genau aufpassen, als was jetzt die Mutter in Erscheinung tritt:

Kommt sie als Geißenmama oder kommt sie als Wolf? Und was kann man tun, um herauszufinden, mit wem man es zu tun hat, was sind die Kriterien? Das Entscheidende ist hier, dass die Mutter zwar vor dem Wolf warnt, aber wir müssten jetzt in dieser Logik sagen, sie warnt im Grunde vor einer Möglichkeit, die in ihr selber liegt. Es ist fast erschütternd zu sehen, dass eine Mutter die Kinder in Schutz nehmen möchte vor den Dunkelseiten, die sie selber in sich spürt.

Und wie ist es vorstellbar, wenn ich jetzt nehme, was Sie angedeutet und halb ausgesprochen haben, dass in diesem Wolf, der zurückkommt, kein anderer drin steckt als die Geiß selber, die Mutter Geiß?

Konkret bedeutet das, man weiß nicht mehr, was man richtig oder falsch macht, wie dieses Mädchen, das im Garten spielt. Entlastet es die Mutter, wenn es zeigt, dass es glücklich ist im Sandkasten, oder macht es alles falsch und müsste der Mutter helfen? Es ist nicht mehr klar, wie die Mutter kommen wird, ob als Leben schenkend oder Leben verschlingend. Und die Schuldgefühle führen dahin, dass die Mutter von dem Kind nicht los kommt – und das Kind nicht von der Mutter. Diese Einheit wird nie wirklich aufgelöst, sondern man ist glücklich im Glück des anderen und unglücklich im Unglück des anderen. Es gibt keine wirkliche Selbstständigkeit, weder auf der einen noch auf der anderen Seite. Darum kann man eigentlich nur zu allen Frauen sagen, das Beste, was sie zum Glück ihrer Kinder tun können, ist, dass sie sich dafür entscheiden, glücklich als Frauen zu sein. Frauen, die nur Mütter sind, haben am Ende Kinder, die immer nur Kinder sind, und beide hindern sich an einem eigenen Leben – und dann bleibt die Frage, wie man sich vor dem Wolf rettet.

In unserem Märchen gelingt es dem Wolf, die Kinder zu überlisten. Er geht zum Krämer, wo er Kreide holt für seine

Stimme, und er läuft zum Bäcker, um sich Teig geben zu lassen für seine Pfote, und dann läuft er noch zum Müller und zwingt ihn, dass er ihm Mehl gibt für die Pfote, damit sie weiß ist. Interessant scheint mir zu sein, dass alle drei sehr schnell und fast willfährig den Wünschen des Wolfes folgen.

Das ist das Unglaubliche. In einer Welt, die wirklich bis zum Paranoischen driftet, ist die Ausgangssituation: Du selber kannst nicht wissen was gefährlich ist und was segensreich, du hast kein eigenes Urteil, du hast gehorsam zu sein. Zum Zweiten: Du bist eingeschlossen in einer Welt der Angst; du kannst sie nicht auflösen durch bessere, konträre Erfahrungen in der Realität. Und jetzt zum Dritten: Es gelingt dem Angstgegenstand, dem Wolf, die Angst zu totalisieren. Er schafft es, alle zu seinen Komplizen zu machen, und noch genauer: er kann die Kriterien, die dahin führen würden, ihn zu identifizieren, im Moment der Erkenntnis immer wieder umformen. In der Biologie spricht man von dem Verhalten der Mimikry, das heißt, man kann ein Äußeres oder ein Verhalten annehmen, das den anderen täuscht. Man zeigt sich harmlos gerade an der Stelle, wo es am gefährlichsten ist, und umgekehrt spielt man eine Gefahr vor, die gar nicht wirklich existiert. Die Geißlein müssen erleben, dass mit den Merkmalen, an denen sie den Wolf identifizieren können, eine Verformung ins harmlose Gegenteil geschehen ist.

Und im Märchen kommt der Feind ja tatsächlich, der Wolf, der Bösewicht, vor dem die Mutter die Geißlein gewarnt hat, und wir lesen: „Eins nach dem andern schluckte er in seinen Rachen; nur das jüngste in dem Uhrkasten, das fand er nicht." Herr Drewermann, warum überlebt denn gerade das jüngste Geißlein?

Man kann das kaum anders deuten, als dass alle erreichten Schritte der Entwicklung durch den Angstdruck revidiert werden. Man könnte sprechen von einer psychischen Regression, einem seelischen Rückzug. Dieses Geißlein flieht in den Uhrkasten hinein, und der ist ein Symbol genau für den Gegenstand, vor dem es eigentlich flieht. Der mütterliche Bauch bringt das Kind dahin, um nicht gefressen zu werden von der Wolf-Mutter, nur noch in der Mutter zu leben. Es ist aufgelöst, es ist nur noch ein Teil der Mutter. Man müsste sich ein Kind vorstellen, das aus lauter Angst ständig signalisiert: Ich tue doch alles was du möchtest, Mutter; ich bin doch ganz wie du, ich will mir keinerlei Abweichung mehr von dir erlauben, ich bin doch ganz in dir. Mit dem Uhrkasten ist im Übrigen auch verbunden der Stillstand der Zeit; es gibt keinen inneren Fortschritt mehr, es gibt kein Vorlaufen in die Zukunft, sondern man klebt in einer Gegenwart fest, die nicht endet.

Der Wolf, der sechs Geißlein verschlungen hat, läuft auf die Wiese, legt sich hin und schläft ein. Die Geißenmutter kommt nach Hause, wird von dem jüngsten Geißlein informiert, lässt Schere, Nadel und Zwirn holen, schneidet dem bösen Tier den Wanst auf, und die sechs gefressenen Geißlein springen nacheinander heraus. Und dann sagt die Geißenmutter: „Jetzt geht und sucht Wackersteine, damit wollen wir dem gottlosen Tier den Bauch füllen, solange es noch im Schlafe liegt." Was mir auffällt ist, dass die Mutter jetzt zum ersten Mal die Kinder in ihre Aktivitäten mit einbezieht und dass es die Geißlein selber sind, die den Bauch des Wolfes mit Steinen füllen. Meine Frage ist: Was bedeuten diese Wackersteine?

Was wir jetzt erleben, ist, dass das Märchen sich auflöst zu einer Möglichkeit, die wirklich gegeben ist. Mitunter erlebe ich das tatsächlich, aber ich gebe zu, es ist eine fast fantastische Möglichkeit, dass eine Mutter ihr Verhalten zu den Kindern noch mal ändert. Die Kinder entdecken, sie sind gar keine Belastung, sondern sie können an der Seite der Mutter etwas Gewünschtes und Nützliches tun. Im Märchen beginnt es offensichtlich damit, dass diese Wolfengeißenmutter über sich selber nachdenkt, so dieser Vorgang des Bauchaufschneidens, der letztlich ein analytischer Vorgang ist, ein Vorgang auch der Selbstreflexion: Was mache ich eigentlich mit meinen Kindern, wer bin ich denn eigentlich als Mutter, was ist da passiert, dass die Kinder solche Angst vor mir haben, und was macht dieses Geißlein im Uhrkasten? Entscheidend ist dabei übrigens, dass das Geißlein sich aus dem Uhrkasten nur herausmeldet, indem die Mutter es beim Namen ruft! Das ist ein unglaubliches Moment, denn der Wolf kann sich verhüllen und maskieren und demaskieren, wie er will, eines kann er nicht: er kann nicht wissen, wie das Geißlein heißt. Es gibt eine Sprache, die die Angst besiegt; sie besteht darin, dem anderen das zu sagen, was nur für ihn selber gilt, wenn man ihn sehr lieb hat. Er muss erfahren dürfen, dass er selber gemeint ist!

Eine Frau hat mir einmal unter Tränen geschildert, wie sie ihr ganzes Leben für die Tochter gegeben hat. Und nun fragt sie sich, wie soll das weitergehen? In gewissem Sinne muss sie, will sie, kann sie ihre Tochter, weil sie groß genug ist, ins Leben entlassen. Aber es ist so schmerzhaft! Kurz, hier beginnt jetzt ein Gespräch, das tatsächlich stimmt. Und so etwas kann im wirklichen Leben wie im Märchen stattfinden, dass die Mutter sogar dazu auffordert, ihr alles zu sagen, was belastend war, alle Vorwürfe, im Bilde gesprochen die Steine, vom Felde zu holen und in den Wolfsbauch zurück zu legen. Man kann das in der Psychotherapie, vor allem in Gruppen, wirklich so organisieren: man lässt Zettel mit all den Vorwürfen schreiben, die man als Kind nicht hat sagen dürfen. Wohlgemerkt, diese Vorwürfe gelten nicht der Mutter, die heute lebt, die vielleicht schon sehr alleine ist, die gelernt hat, mit sich selber auskommen zu müssen, dieser Frau gegenüber wären all die Vorwürfe gar nicht wirklich gerecht, aber sie gelten dem Bild der Mutter, das man als Kind in sich aufgenommen hat, psychoanalytisch gesprochen, der Mutterimago. Mit der Mutter, die in einem lebt, mit der muss man sich auseinandersetzen, und das sind jetzt die Wackersteine, die Vorwürfe, jeweils mit einem eigenen Schuldspruch, adressiert an die Mutter. Und das Entscheidende ist, dass die Frau selber, die Wolfenmama, genau das will und damit einverstanden ist.

Ich habe in der Therapie erlebt, dass eine Frau nach zwei Jahren des Kontaktabbruchs oder der nur ganz distanzierten Angstbegegnung mit ihrer Mutter den Beschluss fasste: Ich fahre dahin und wir reden miteinander. Wir haben das zigmal vorweg simuliert, was dann passieren würde, und so kam es auch. Fünf Uhr nachmittags, die Mutter setzte den Kuchen hin, wollte Kaffee kochen – nun erzähl mal schön! Aber die Frau hatte sich vorgenommen, überhaupt nicht „schön zu erzählen". Sie wollte sich auch nicht den Mund stopfen lassen mit Kaffee und Kuchen, sie wollte mit der Mutter reden. Und die sagte dann gleich, wie es zu erwarten stand: Es ist doch alles Quatsch, das hat man dir doch beigebracht in der Psychotherapie, es war doch ganz anders, es ist doch krankes Zeug, was du da denkst, ich erzähl das mal. Die Frau wusste, dass das so kommen würde. Die Mutter würde sagen, ich habe alles richtig gemacht, ich hab alles gut gemeint, wirf mir doch bitte nicht vor, dass ich was falsch gemacht habe, ich hab mein ganzes Leben darangesetzt, dich groß zu ziehen! Die Frau hatte sich vorgenommen zu sagen, Mutter, alles was ich jetzt sage, ist kein Vorwurf, aber höre es bitte, es ist meine Geschichte, so hab ich das erlebt, das kannst du nicht mehr rückwirkend ändern, aber wir beide können jetzt nach all dem Erlebten gemeinsam zu leben lernen! Das Unglaubliche war, dass diese Frau das geschafft hat. Sie hat, im Bilde gesprochen, die Wackersteine gesammelt, im Bauch versenkt, den Wolf zu Grabe getragen, und nach zwölf Stunden Reden morgens um fünf kamen die beiden zusammen . . .

Wir wissen, dass Märchen gut ausgehen, und so ist es auch in unserem Märchen. Am Ende plumpst der Wolf in den Brunnen und ersäuft und im Märchen heißt es: „Als die sieben Geißlein das sahen, da kamen sie herbeigelaufen, riefen laut ‚Der Wolf ist tot, der Wolf ist tot!', und tanzten mit ihrer Mutter vor Freude um den Brunnen herum." Herr Drewermann, was braucht es also letzten Endes, dass ein Kind, ein Heranwachsender, ein erwachsener Mensch seine Angst überwindet?

Im Grunde braucht er einen anderen Menschen, der in diese Angstwelt hinein geht und die Rolle der Mutter in diesem Falle noch einmal spielt, bis dass beide als Erwachsene sich finden können im Vertrauen und in Zuneigung. Jeder lässt dem anderen dann sein Leben. Aber der Anfang ist, man muss das alles noch mal aussprechen dürfen, was damals war. In diesem Falle tut das die Mutter selber, in anderen Fällen muss ein anderer diese Rolle so lange übernehmen, bis sie stimmt.

In Berlin hat in den 1930er Jahren ein Jüdin gelebt, Mascha Kaléko, die unter ihrer Kindheit sehr gelitten hat. Sie schildert, die Tapete an der Wand schrie: Verboten!, der Teich draußen im Winter war nur, um sich die Beine zu brechen oder um darin einzusinken, nichts gab es draußen, was nicht Angst gemacht hätte, aber irgendwann spricht sie davon, dass sie beginnt, das Leben zu mögen. Geschenkt hat ihr das ganz sicher jemand, dem sie die Liebe glauben konnte und in dessen Augen sie sich noch einmal neu gefunden hat. „Ich freue mich", schreibt sie, „das ist des Lebens Sinn. Ich freue mich vor allem, dass ich bin." Dieses Glück zu sein, kann nur die Liebe schenken.

Gottes Geschöpfe
oder
Warum Tiere eine Seele haben

Herr Drewermann, im ersten Buch Mose des Alten Testamentes lesen wir folgendes: „Gott schuf den Menschen nach seinem Bilde, Mann und Frau. Und er segnete sie und sprach zu ihnen: Seid fruchtbar und mehret euch! Machet euch die Erde untertan und herrschet über die Fische des Meeres, über die Vögel des Himmels und über alle Tiere des Landes."

Es gibt vermutlich kaum ein Wort in der Bibel, das man auf grässlichere Weise wörtlich genommen hat als dieses. Es ist die Legitimationsurkunde einer zwei-, dreitausend Jahre alten Barbarei im Umgang mit Tieren. Der Bibeltext selber lässt sich in gewissem Sinn auch anders verstehen, indem man nämlich sagt, die Menschen seien hier nicht zur Willkür aufgerufen, sondern als Abbilder Gottes sollten sie in Verantwortung ihre Herrschergewalt ausüben. So wie Gott über die Welt herrsche, so sollten die Menschen als Gottes Stellvertreter weise mit der Kreatur umgehen. Es ist auch in der Bibel kein schrankenloser Missbrauch erlaubt worden. Dennoch: die Vorstellung von der Herrschaftsgewalt, die wir Menschen gegenüber unseren Geschwistern, den Kreaturen, inne hätten, hat uns skrupellos gemacht. Auch das alte orientalische Bild dafür stimmt ja: *Herrschen*, das bedeutet, dass ein König seinen Fuß in den Nacken eines unterworfenen Feindes stemmt. Das ist der Ursprung und Sinn dieses Wortes. Und so unterwerfen wir eine uns im Grunde feindselige Natur, beuten sie aus für unsere Zwecke. Es kommt in den Zustand, den Arthur Schopenhauer im Protest dagegen in die Worte gebracht hat: „Die Tiere leben auf der Erde in der Hölle, und ihre Teufel sind die Menschen." Das kann nicht Gottes Wille sein, aber so haben wir getan.

Es gibt aber in der Bibel eine zweite Stelle, die diesen Herrschaftsauftrag Gottes an die Menschen über die Natur zum Ausdruck zu bringen scheint. Und zwar die Stelle, in der Gott dem Menschen sagt, er solle den Tieren einen Namen geben. Und der Mensch gibt allen Tieren einen Namen. Er benennt sie. Wer aber dem anderen einen Namen gibt oder den Namen eines anderen kennt, der – so doch ein alter Glaube – hat auch die Herrschaft über diese Kreatur.

Es ist fast tragisch. Die wenigsten werden wissen, dass die Bibel sich oft genug selber korrigiert. Und das tut sie gleich auf den ersten Seiten. Sie stellt hinter das Wort, das wir eben gehört haben – Herrscht über die Kreaturen! – dieses ganz andere: Gebt den Tieren Namen! Die Ausleger haben bis heute im gleichen Sinne nach dem Rumpelstilzchenmodell gedacht. Namen geben heißt ja zu wissen, wer der andere ist. Und wenn man das kennt, hat man ihn in der Verfügungsgewalt: Wissen gleich Herrschaftswissen. Diese Bibelstelle in der Paradieserzählung im ersten Buch Mose versteht sich gründlich anders. Man muss einmal sehen, in welchem Umfeld die Geschichte steht. Gott fängt an, den Menschen zu schaffen. Nun stellt er aber fest, dass der Mensch anders ist als er selber. Gott, als absolutes Wesen, braucht keine Ergänzung, kein Gegenüber. So entdeckt er, dass es für einen Menschen nicht gut ist, allein zu sein. Daher beschließt er, dem Menschen (Adam) etwas Adäquates zur Seite zu stellen. Eigentümlich kompliziert beginnt er aber nun nicht damit, dem Menschen die Frau zu schaffen, sondern die Tiere. Ich interpretiere diesen Zug der zweiten Schöpfungsgeschichte einmal so, dass die gesamte Sphäre der Welt als ein Austauschraum suchender Liebe empfunden wird. Mal sehr krass gesagt: Kein Mann auf Erden verdient im Sinne dieser Bibelstelle je einer Frau zu begegnen, außer er hätte zunächst einmal gezeigt, wie er mit den Tieren umgeht, und zwar liebevoll!

Dass die Stelle so gemeint ist, lässt sich daran erkennen, dass wir bei den Kindern der Natur, bei den Naturvölkern, ganz verwandte Erzählungen antreffen, die davon reden, wie am Anfang der Welt die Tiere mit den Menschen reden konnten, und die Menschen waren imstande, die Tiere zu verstehen. Unsere Märchen erzählen so etwas auch noch bei den Brüdern Grimm. Jemand kann nur ein Papst werden, indem er die Sprache der Tiere versteht, erzählt zum Beispiel das Märchen von den *Drei Sprachen*. Es wäre wunderbar, wir hätten eine Religion, die uns so etwas beibringen würde. Die Sprache der Tiere zu verstehen, bedeutet, eine universelle Poesie zu pflegen. Man begreift, dass die Tiere etwas vom Menschen ausdrücken. Im Totemismus noch war es ganz üblich, dass man in den Tieren das Wesen von Menschen repräsentiert fand, so wie wir, wenn wir miteinander schimpfen, negativ noch Tiernamen für einander verwenden. Dann ist der andere ein blödes Huhn oder ein Esel. Wir beleidigen die Tiere, um Menschen beleidigen zu können. Diese Stelle in der Bibel möchte uns einladen, dass wir die Tiere benennen, indem wir ihre Musik übernehmen, indem wir Lieder für sie erfinden. Da könnten wir von den Dakota-Indianern lernen. Die Dakotas tanzen den Büffeltanz. Das ist die Art, den Büffel zu benennen. Oder sie besingen die Wildrose auf der Prärie, das ist die Art, der Wildrose ihren Namen zu geben. Da schwingt etwas ein zwischen Mensch und Natur. Es ist ein ewiger Gesang. Das heißt, den Tieren Namen geben! Es ist das Gegenteil von Herrschaft. Es ist der Anfang einer universellen Liebe. Jedes Kind kann das nachempfinden. Ich behaupte, man lernt die Liebe überhaupt nicht anders, als indem man schon die Kinder lehrt, zärtlich zu den Tieren an ihrer Seite zu sein. Jedes Kind versteht, dass eine Katze, ein Hund ein wunderbares lebendiges Wesen ist. Und ich sehe, wie viele Kinder daran leiden, dass man ihnen plötzlich beibringt, man müsse die Tiere töten, um davon zu leben. Das ist ein Schock für jedes empfindsame Kind.

Aber nun ist es ja so, dass – ganz anders als die Schöpfungsgeschichte es uns erzählt – wir aus der modernen Naturwissenschaft wissen, dass der Mensch nicht in einem Schöpfungsakt entstanden ist, sondern sich entwickelt hat. Um es banal zu formulieren: Der Mensch stammt vom Affen ab.

Sagen wir: von den Vorfahren des heutigen Schimpansen. Vor ungefähr sechs Millionen Jahren muss der Weg sich gegabelt haben, der zu den heutigen Menschen führt und zu den heutigen Schimpansen. Wir hängen so unglaublich dicht zusammen, dass uns weniger als zwei Prozent des gesamten genetischen Materials, Menschen und Schimpansen, voneinander trennt. Diese Entdeckung hat zu tun mit den Einsichten von Charles Darwin vor ungefähr 130 Jahren. Es war ein Einbruch, eine schwere narzisstische Kränkung für das christlich-abendländische Menschenbild und Selbstgefühl, das selbstverständlich annahm, wir seien ganz und gar andere, besonders bevorzugte Wesen Gottes, wir stünden im Mittelpunkt der Welt. Nennen wir dies Anthropozentrismus, den Mittelpunktswahn des Menschen. Aus dem stürzte Darwin die gesamte abendländische Religion heraus. Und das dogmatische Christentum hat entsprechend darauf geantwortet, es hat versucht, Darwin zu unterdrücken.

In Wirklichkeit sollten wir aus dem Darwinismus, einer richtigen naturwissenschaftlichen Erkenntnis, nicht nur die Änderung unseres Menschen- und Weltbildes formen, sondern eine entsprechende Ethik, die dem Rechnung trägt. Wenn Mensch und Tier so eng zusammengehören, wie die ganze Evolution zeigt, dann brauchten wir eine Ethik, die diese Ähnlichkeit, diese Verwandtschaft zur Grundlage macht! Wir brauchten eine Ethik, die man in alten Tagen parallel zur Bibel geahnt hat. Die alten Ägypter um 2300 v. Chr. in der 5. Dynastie, in der Pyramide des Unas, erzählen, wie der Pharao – eigentlich gar kein Mensch, sondern die Erscheinungsform der Sonne am Himmel auf Erden – im Totengericht befragt wird, ob gegen ihn, den Gottkönig, eine Anklage vorliege von Seiten einer Gans oder von Seiten eines Rinds. Und wehe dem Gottkönig und Pharao, der absoluten Person im Himmel und auf Erden, wenn auch nur ein Tier ihn verklagen könnte für unnötig zugefügtes Leid!

Das ist ein Gedanke, der uns im ganzen so genannten christlichen Abendland bis heute fehlt –: Die Tiere träten als Anklageinstanz im Totengericht auf gegen den Menschen! Diese Idee gibt es im Judentum nur in dem apokryphen slawischen Henochbuch, ganz am Rande. Wohl existieren im Chassidismus, einer Richtung des Judentums, Anklänge daran. Eine kleine Geschichte erzählte Martin Buber einmal: Ein Mann reist mit dem Pferd über Land. Der Sabbat bricht an. Es ist fünf Uhr nachmittags, die Sonne geht unter. Und er prügelt auf das Pferd ein, es soll sich beeilen, damit er den Sabbat halten kann. Ein Jude am Straßenrand fragt: Was machst du da? Da antwortete er: Sabbat! Und der sagt, das musst du dem Pferd auch sagen: der Sabbat fängt an! – Auch das könnte jüdisches Denken im Sinne der ersten Schöpfungsgeschichte sein. Und erst recht könnte und müsste es christliches Denken sein.

Wenn es so ist, wie uns die Entwicklungsgeschichte sagt, dass das Tier dem Menschen ähnlich ist, müsste dann der Mensch mit dem Tier ähnlich umgehen, wie er mit anderen Menschen umgeht, oder wäre das sogar schlimm, wenn er es täte? Denn wir wissen ja, wie der Mensch mit dem Menschen umgeht!

Ich glaube, es fällt alles auf uns zurück. Wir bilden uns immer noch ein, wir könnten mit den Tieren machen, was wir wollen, weil wir ja so wunderbar ganz anders sind. Wir können Seen vergiften, wir können Meere verseuchen, wir können die Atmosphäre verpesten. Das alles kann Tiere schädigen, aber unser Organismus scheint wie aus Eisen zu sein und darauf gar nicht zu antworten. Natürlich ist alleine schon durch die Folgewirkungen dessen, was wir anrichten, der Mensch mit geschädigt. All die Praktiken, die wir Tieren zumuten, werden irgendwann mit derselben Gefühlsrohheit auch uns Menschen betreffen. Bis in die Gegenwart hinein hat man die Tiere wie gefühllose Reflexautomaten betrachtet, wie Maschinen, die lediglich mit Fleisch und Nerven ausgestattet wären. Bis heute hat man Diskussionen führen müssen, auch mit Theologen, die in Zweifel stellen, ob eine Katze, ein Hund, eine Kuh wirkliche Gefühle hat. Dass das der Fall ist, lässt sich indessen ganz einfach zeigen. Vor einer Weile stand ich am Perron eines Bahnsteigs und sah, wie der Zug einlief. Ein Mann kam heraus, eine Frau stand da am Perron mit ihrem Dackel. Die beiden sahen den Mann. Und kaum erblickte der Dackel sein Herrchen, sprang er hoch als sei er eine einzige explodierende Freude von der Schnauze bis zur Schwanzspitze, wohingegen die Dame eiskühl da stand. Wer von den beiden, als Zuschauer fragte ich mich, empfand mehr, fühlte mehr?

Tatsächlich möchte ich die These aufstellen, dass Tiere *mehr* empfinden und fühlen können als wir Menschen. Das liegt einfach daran, dass sie sich von ihren Gefühlen nicht, wie wir es zu tun vermögen, durch das Bewusstsein trennen und abspalten können. Nehmen wir einmal ein dramatisches Beispiel: Jemand litte an Zahnschmerzen, und er würde in der Nacht vor Schmerz sich herumwälzen. Er will aber schlafen. Also geht er zum Apothekenschrank und holt sich ein Schlafmittel. Das Mittel wirkt, wie es soll: Es betäubt das Bewusstsein, nicht den Schmerz, und so wird er sich eine Stunde danach schmerzempfindend fühlen wie ein Tier. Er wird leiden wie ein Tier! Er kann sich von dem körperlichen

Schmerz nicht mehr lösen. Er ist nur noch die Stelle, wo es weh tut. Und jetzt müssen wir uns vorstellen, dass wir genau diesen Zustand mit Millionen von Tieren arrangieren, vor allem in den Labors des Militärs ohne jede Kontrolle. Wir quälen die Tiere, nur um zu lernen, wie man Menschen quält. Wir töten sie nur, um zu lernen, wie man Menschen tötet. Und ich kann nur unter Protest sagen, ich will das nicht länger sehen – bei Tieren nicht und bei Menschen nicht! Ich will es überhaupt nicht sehen, weil wir dazu kein Recht haben!

In einem Fernsehfilm über die Uckermark, eine Landschaft in Brandenburg, wurde ein Ökobauer gezeigt mit den Tieren, die er auf seinem kleinen Hof hält. Und er sagte zu den Besuchern folgendes: „Wir müssen die Tiere ehren und achten, weil sie für uns ihr Leben lassen. Und deshalb soll es ihnen zu Lebzeiten gut gehen."

Ich selber bin Vegetarier. Und mir scheint es ein enormer moralischer Sprung für unsere Kultur zu sein, wenn wir begreifen würden, warum in Indien zum Beispiel 50 Prozent der Bevölkerung sich aus moralischen Gründen weigert, Fleisch zu essen. Das ist für sie so schlimm wie Kannibalismus. Allein schon die Vorstellung, wir sollten auf Fleisch Verzicht tun, um in gewissem Sinne moralisch richtiger zu leben, darauf ist man im Abendland nie gekommen, darauf sollte man aber kommen! Eine Religion wie der Pythagoreismus, zurückgehend auf den griechischen Philosophen Pythagoras, hatte ursprünglich diese Verwandtschaft von Mensch und Tier zur Grundlage. Davon könnten wir lernen. Freilich finden wir, dass es Völker gibt, die auf Fleischnahrung nicht verzichten können. Es gibt Kulturen, die als Jägervölker heute noch sich erhalten – in Afrika in der Kalahari, in Grönland bei den Eskimos. Das Eigentümliche ist aber, dass diese Völker, die wissen, dass man Tiere töten muss, um von ihnen zu leben, deshalb Schuldgefühle haben. Die Völkerkundler sprechen von Tiertöter-Skrupulantismus. Sie brauchen die Tiere, um von ihnen zu leben. Aber damit sind sie doch die Grundlage ihres Lebens, gewissermaßen etwas Heiliges. Wie kann man sie dann töten? Dass man es dennoch muss, ist ein ewiger Widerspruch. Und so beten diese Völker förmlich zu den Tieren um Vergebung. Gedanken der Ausrottung, des skrupellosen Dahergehens, wie wir es tun in der Massentierhaltung, in der industriellen Landwirtschaft, sind diesen Menschen völlig fremd, weil sie noch wissen, was Tiere als eigenständige Wesen sind.

Die Jäger der Urzeit, das wissen wir ja aus den Höhlenmalereien, baten die Tiere, ehe sie auf die Jagd gingen, um sie zu erlegen, um Verzeihung dafür, dass sie sie töten müssten.

Ja, man hatte Skrupel. Man hatte dabei ein schlechtes Gefühl. Ich möchte an Ernest Hemingways Roman „Der alte Mann und das Meer" erinnern. Dieser alte Mann hat lange Zeit keinen Fisch mehr gefangen. Aber nun kommt ihm ein großer Schwertfisch an die Leine. Er drillt ihn, er zieht ihn, bis er ihn zwingt zu springen. Und dann in seiner ganzen Majestät, silbrig schimmernd in der Sonne, erhebt sich dieses prachtvolle Tier aus dem Meer für einen Augenblick. Und den alten Mann überkommt ein fast heiliger Schrecken. Dieses Tier soll er töten? Das ist eine Sünde, denkt er. Dann bläst er das alles ab und sagt: Sei froh, alter Mann, dass du nicht noch die Sonne töten musst. Ernest Hemingway war begeistert vom Krieg, vom blutigen Stierkampf, und dennoch empfand er, dass da irgendwas nicht stimmt. Und der Bauer aus der Uckermark hat zumindest ein Gefühl der Dankbarkeit den Tieren gegenüber, und ich bin sicher, dass er nicht damit einverstanden ist, 600 000 Legehennen in Batterien einzusperren. Ich bin entsetzt und empört darüber, wie es möglich ist, im Gesetz zu verfügen, Tiere müssten „artgerecht" gehalten werden, und dann protestieren wir Tierschützer 20 Jahre lang dafür, damit das endlich auch geschieht; dann kommt das Bundesverfassungsgericht und erklärt uns, dass wirklich eine DIN A4-Seite für ein Huhn nicht artgerecht ist. Aber wenn man die Seite verlängere um genau 15 cm mehr, dann sei es artgerecht. Es ist unglaublich! Und was machen die Tierärzte? Was machen die Biologen, die dem Gesetzgeber sagen müssten, ihr versündigt euch an den Tieren! Hühner leben in diesen Ställen nicht artgerecht. Sie müssen scharren können, sie müssen Austausch haben, sie sind sozial lebende Wesen. Sie müssen im Sand, der sonnenbeschienen warm ist, baden können. Sie müssen Eier legen können, die sie dann auch bebrüten. Wir haben kein Recht, Tiere großzuziehen, damit sie nichts weiter sind als Lebendkonserven für den Schlachtviehmarkt. Das ist nicht artgerechte Tierhaltung. Ich denke, dagegen wehrt sich auch jener Ökobauer in der Uckermark. Und er hat völlig recht so zu tun. Man zwingt die Bauern heute, mehr als ein Drittel bis zu zwei Dritteln der Höfe, EU-weit, in den Konkurs, weil man sie in der industrialisierten Landwirtschaft einfach vom Markt wegdrängt. Die Produkte werden scheinbar immer billiger. Freigesetzt aber werden die Bauern. Ganze Landflächen werden auf diese Art planiert, und das alles zu Lasten der Menschen und der Tiere.

Und, wenn ich diesen Gedanken verlängern darf, es geht damit einher die totale Ausbeutung der Natur, wenn wir mal in andere Regionen dieser Welt blicken. Die tropischen Regenwälder zum Beispiel, die wir abholzen, wodurch ja auch riesige Lebensräume von Tieren vernichtet werden.

Das Unglaubliche ist, dass wir zu einer Ethik überhaupt nur imstande sind, wenn es uns Menschen betrifft. Wir haben eine Verantwortungsethik aufgebaut, nach der etwas gut ist, wenn es uns Menschen nützt, und nach der etwas schlecht ist, wenn es uns Menschen schädigt. Nach diesem Modell können wir mit der Natur alles machen, ehe es auf uns selbst zurückfällt. Brennende Urwälder seit über zwei Jahrzehnten in Borneo, das Abfackeln ganzer Urwaldflächen in Lateinamerika, bloß, um da eine Farm für die Produktion von Mc Donald zu errichten, das alles geht in Ordnung. Wie viele Tiere dabei umkommen, dass wir mit einer Art Querschnittslähmung durch den ganzen Motor der Natur die Evolution einfach lahm legen in unseren Tagen, scheint dabei keine Rolle zu spielen, weil es uns Menschen scheinbar noch nicht betrifft. Erst wenn der Qualm verbrennender Urwälder bis nach Singapur vordringt, erst wenn wir nicht mehr atmen können, dann wird man darauf aufmerksam und findet, dass es so wohl doch nicht richtig sein kann.

Wir müssen unsere Vorstellung von Ethik unbedingt ändern. Wir sind nicht der Maßstab dessen, was verantwortlich richtig ist, sondern die Einbeziehung des Menschen in die Natur müsste als Verantwortungsethik definiert werden. Wir sind Teil dieser Natur. Wir sind nicht ausgenommene Herrscher über den Rest der Welt. Ich gebe nur einen kleinen Vergleich: Es genügt festzustellen, dass BSE als Creutzfeldt-Jakob-Krankheit auf den Menschen überspringen könnte; das könnte ein, zwei, fünf Personen betreffen. Dann wird das dahin führen, dass wir in Großbritannien über vier Millionen Rinder abschlachten, ein Holocaust in wörtlichem Sinne – ein Brandopfer für einen blutigen Dämon. Die Rinder sind deshalb BSE-krank geworden, weil wir, statt ihnen artgerecht normale Weiden zur Verfügung zu stellen, sie in Stallungen gebracht haben, wo sie das Futtermehl ihrer eigenen Artgenossen zu fressen vorgesetzt bekommen. Die Erkrankungswege bestehen darin, dass man vegetarisch lebende Tiere wie Kannibalen hält. Es geht aber alles in Ordnung, solange es uns Menschen nicht betrifft. Drei, vier Menschen, die erkranken könnten, rechtfertigen dann vier Millionen tote Tiere. Wenn wir denken wollten, dass sich die Polizei Gedanken mache über das Verkehrsaufkommen im Raum München, Frankfurt oder Berlin und wir müssten in den Stauzeiten mit Verletzten und auch mit Toten rechnen, dann ist das kein Grund, etwa vier Millionen Autos von den Straßen zu nehmen. Autos sind unsere heiligen Kühe. An die darf gar nichts kommen, denn daran verdienen wieder diejenigen, die sie herstellen. Die Folgen sind uns sogar dann egal, wenn es uns Menschen selbst betrifft. Bei den Tieren ist der Schutz der Menschen absolut.

Mir scheint, wir sind gerade dabei, den Menschen vor der Natur überhaupt zu schützen. Wir tragen unsere Technik wie eine Megaprothese vor uns her und schieben sie in die Natur hinein. Sie wird uns immer gefährlicher. Eine Katze zu streicheln kann bedeuten, dass man Mikrosporen, Pilze, auf Kinder überträgt. Dürfen Kinder noch mit Katzen spielen? Solche Probleme schaffen wir immer neu. Dabei sollten wir dafür Sorge tragen, dass wir lernen, natürlicher zu leben. Und das eigentlich ist es, was jener Ökobauer versucht –: Regionalisierung der Landwirtschaft, Austausch zwischen Land und Stadt. Das hätte eine viel vernünftigere, auch marktgerechtere Ordnung zur Folge, das würde Arbeitsplätze schaffen. Und es wäre endlich wieder möglich zu lernen, dass man Tiere nicht industriell ausbeuten kann, wie man Kohle unter Tage abbaut.

Als wir vorhin darüber sprachen, inwieweit Tiere Gefühle haben, da haben Sie als Beispiel gebracht, wie ein Tier sich unendlich freuen kann, wenn sein Herrchen zurückkommt. Aber Tiere sind ja offensichtlich auch in der Lage, Schmerz zu empfinden. Ein Schaf, dem man sein Junges wegnimmt, schreit nächtelang vor Schmerz. Oder eine Katze, der man ihre Jungen wegnimmt, sucht tagelang überall in der Wohnung nach den kleinen Katzenkindern. Ist das nicht ein Indiz dafür, dass Tiere nicht nur Gefühle haben, sondern auch eine Seele?

Ja, unbedingt. Wir wissen aus der Hirnforschung, dass dieselben Stellen im Gehirn, im limbischen System, in den Köpfen von höher entwickelten Säugetieren identisch sind mit den Stellen auch in unserem Gehirn, wo Schmerz und Gefühle codiert werden. Das ist ein und dasselbe Erleben. Wir nennen das limbische System im Kopf der Menschen deshalb auch das Säugetiergehirn. Das ist die Stätte, wo Gefühle programmiert werden. Gefühle interpretieren unsere Wahrnehmungen. Die hormonellen Steuerungen sind genau dieselben, die eine Katzenmutter mit ihren sechs Jungtieren verbindet und eine Menschenmutter mit ihrem Kind. Anders kann es ja gar nicht sein. Wir kommen aus diesem Erbe. Es gibt kein einziges Gefühl in unserem Kopf, das wir nicht dem langen Gang der Evolution verdanken würden. Alles, was sich in uns abspielt, entstammt diesem Entwicklungsweg. Und nun stehen wir vor der Frage, nutzen wir dieses Wissen, um weise zu werden, um den Einklang, den Charles Darwins Sicht auf die Dinge gefordert und nahegelegt hat, wirklich zu ratifizieren? Oder nutzen wir lediglich unser Wissen, um die alte verloren gegangene Mittelpunktstellung doch noch zu erkämpfen, um gewissermaßen wie ein König ohne Land den Thron zurückzuerobern und unser Wissen um die Welt einzusetzen, in der Absicht, es in Herrschaftswissen, in technisierbare, ausbeutbare Münze zu verwandeln. Eines von beiden können wir eigentlich nur tun. So wie es heute läuft, ist die Gefahr riesig, dass wir die Folgen dessen, was wir anrichten, viel zu spät begreifen. Mir scheint es, als wenn wir mit dem Verlust der Natur am Ende ganz einverstanden sind. Es gibt keine Urwälder mehr in Europa. Warum soll es Urwälder geben in Südostasien, in Zentralafrika oder in Südamerika? Das scheint verzichtbar.

Ein Hauptverursacher dieses Prozesses der Zerstörung ist die Überbevölkerung. Man muss nur einmal darauf hinweisen, dass in den Tagen, als Jesus zur Welt kam, nur 250 Millionen Menschen lebten. Zur Verdoppelung dieser Zahl haben wir bis zum 15. Jahrhundert gebraucht. Die Älteren unter uns wurden in eine Welt hineingeboren mit ungefähr drei Milliarden Menschen. Das ist ungefähr die Zahl, die wir halten müssten, um beim heutigen Stand der Technik und dem Anspruchsniveau an Lebensqualität von Mitteleuropäern einigermaßen mit der Natur zurecht zu kommen. Wir stehen aber heute schon bei sechs Milliarden, und wir werden in 30 Jahren bei neun Milliarden Menschen sein. Das alles drückt auf die Natur, und es zwingt uns zu einer alternativen Fragestellung, die sich im Rahmen der abendländischen Moral aberwitzig ausnimmt. Wir stehen vor dem Problem, ob wir die Vermehrung der Menschheit begrenzen wollen, damit Zwergschimpansen, damit Schildkröten, damit Säugetiere im Meer und auf dem Lande an unserer Seite wenigstens die Chance zum Überleben behalten, und zwar noch für viele Jahrmillionen, oder ob wir den puren Artegoismus favorisieren. Seit dem Homo erectus gibt es uns Menschen erst ganze zwei Millionen Jahre auf dieser Erde. Dass wir noch zwei Millionen Jahre lang so weitermachen können, glaubt selbst der kühnste Optimist nicht. Wir können gar nicht so weitermachen, weil es ruinös ist. Aber wir sollten endlich damit aufhören, erst dann etwas ändern zu wollen, wenn es uns selber betrifft. Wir sollten irgendwann ein Stück Mitleid mit der leidenden Kreatur haben und die Weisheit aufbringen, die nötig ist, ein Mensch zu sein, auch im biblischen Sinne. Leo Tolstoi hat einmal gesagt: „Solange es Schlachthöfe gibt, solange wird es auch Schlachtfelder geben." Irgendwann tun wir all das mit uns selber, was wir gefühllos genug bei den Tieren exerziert haben.

2.
ZUM SINN DES LEBENS
FINDEN

Glaube und Hoffnung
oder
Der Sinn des Lebens

Es gibt eine alte Geschichte, die man ungefähr so erzählen könnte: Ein kleines Mädchen fragt seinen Vater: Worauf steht die ganze Welt? Der Vater antwortet: Auf einem Riesen. Das Mädchen: Aber worauf steht der Riese? Der Vater: Der steht auf einem Elefanten. Aber worauf steht der Elefant?, fragt das Kind. Der Vater antwortet: Der Elefant steht auf einer Schildkröte. Das Mädchen: Und worauf steht die Schildkröte? Da wird es dem Vater zu dumm und zu bunt und er sagt: Frage nicht so viel und verschwinde! – Was ist los mit einem Vater, der so reagiert?

Ich glaube, die meisten Menschen sind gewöhnt, auf die Fragen nach den Grundlagen des Lebens mit plausiblen gegenstandsgerichteten Überlegungen zu antworten. Selbst wenn sie Religion vermitteln möchten, machen sie aus Gott irgendeine Begründung. Das Eigentümliche an dieser Geschichte ist, dass die Begründungen immer schmaler werden, und am Ende gibt es überhaupt keine Auskunft mehr. Genau an dieser Stelle beginnt das Nachdenken über Religion. Ein Kind will nicht wissen, wie sich die Welt physikalisch aufbaut. Es möchte wissen, welcher Grund für seine Existenz sich bietet. Das ist die Frage eines jeden Menschen. Es ist keine Erklärung zu sagen: Vater und Mutter haben dich gezeugt und geboren. Und es ist keine Erklärung zu sagen: Deine Persönlichkeit wurde geformt durch den Einfluss der Eltern und durch die Umgebung. Jeder Mensch möchte wissen, warum er inmitten der Natur etwas Einmaliges, Besonderes, Wertvolles, in gewissem Sinne Notwendiges ist. Dieses Notwendige liegt aber nic in den Zusammenhängen der Natur. Notwendig wird ein Mensch eigentlich erst durch die Liebe eines anderen, der ihm sagt: Es muss dich geben! Nur in der Liebe entdeckt ein Mensch, dass seine Individualität berechtigt und gewollt ist. Die Erklärung: Gott hat die Welt geschaffen, ist nicht eine Begründung für den Urknall oder für die Planetenbewegungen. Sie bezeichnet den Grund dafür, warum es uns als Menschen inmitten dieser oft gleichgültigen und kalten Natur geben kann. Die richtige Antwort des Vaters müsste deshalb sein: Unterhalb von all dem streckt sich eine Hand aus, die das alles trägt und die es umschließt und die es hervorgebracht hat.

Könnte es sein, dass der Vater deshalb so reagiert, weil das Kind mit seiner Frage Wurzeln berührt, an Erkenntnisse herankommt, die der Vater vielleicht verdrängt hat?

Ich glaube, jede Gesellschaft ist geneigt, Fragen endgültig zu beantworten und damit Probleme zu verdrängen, statt offen zu halten. Es bilden sich geistige Tabus. Und die Religion tendiert dazu, eine Ideologie zu werden und Denkverbote zu äußern. Die Person eines Menschen ist nicht ableitbar aus der menschlichen Geschichte, aus der Evolution, aus dem Gang des Kosmos, aus nichts, was man erklären könnte. Die menschliche Existenz kann man eigentlich nur verstehen von innen her. Wenn ein Kind fragt: Warum scheint die Sonne?, dann möchte es nicht hören: Am Himmel steht ein Kernfusionsreaktor – und was das ist, erkläre ich dir später. Die Antwort für ein Kind wäre: Damit du es warm hast und dich freuen kannst. Und so – menschlich bezogen, auf die eigene Gefühle und Bedürfnisse – antwortet die Religion in vielen Bildern und Symbolen, aber in diesem Einen grundlegend: Ursache dafür, dass ein Mensch lebendig bleibt, dass er in seinem Leben einen Sinn bekommt, ist im Grunde nur eine zugewandte Liebe, die ihn als Person umschließt und will.

Und wenn ich die Frage des Mädchens ins Allgemein-Philo-
sophische wende, steht dann vielleicht dahinter die Frage:
Warum ist überhaupt etwas und nicht einfach nichts?

Das ist die Urfrage der abendländischen Metaphysik. Und
ich denke, man kann sie rein philosophisch nicht beantworten. In der Theologiegeschichte hat man immer geglaubt, dass
man Gott als oberste und erste Ursache denken könnte. Auf
der Ebene der Ursachen aber sind die Naturwissenschaftler
heute viel weiter als die Theologen, und sie erklären sehr genau die Zusammenhänge des Kosmos oder der Biologie oder
der Psychologie. Die Frage, warum gibt es etwas?, weist darauf hin, dass sich aus all den Ursachen der Zufall, die Sinnlosigkeit, die Absurdität nie vertreiben lässt. Jeder Mensch ist
im Grunde ein unvorhersehbarer Zufall, ein Gebilde, das unter Millionen anderer Möglichkeiten rein zufällig ausgewählt
wurde. Es hat biologisch niemanden gegeben, der diese Wahl
getroffen hätte. Das kann dir die Natur nicht sagen, das können dir die Sterne nicht sagen. Das kann dir der Wind und
das können dir die Flüsse nicht sagen. Du bist als Mensch in
gewissem Sinne herausgelöst aus all dem und unter den Ster-
nen vollkommen allein. Nur ein anderer Mensch mit seiner
Liebe kann dir sagen: Dich müsste man erfinden, wenn es
dich nicht gäbe!

Die alten Ägypter konnten sagen: Jeder Mensch ist ein
Kunstwerk, das im Himmel hergestellt wurde und wie eine
Leihgabe an die Zeit auf diese Welt kam. Kein Mensch ist das,
was er auf Grund seines Wesens alles verkörpern könnte.
Vieles ist im Laufe der Zeit sogar zerdrückt und verformt
worden. Aber die Liebe besteht darin, in dem Anderen dieses Urbild herauszuspüren und wieder herzustellen – und es
sich entwickeln zu lassen, so wie die Sonne Blumen wachsen lässt in ihrer ganzen Schönheit. Das setzt voraus, dass es
eine zugewandte Wärme gibt und eine Güte, die uns begleitet. Und das meint die Religion, wenn sie sagt: Gott hat die

Welt geschaffen. Sie will nicht sagen: Wir haben eine oberste Erklärung, die die Naturwissenschaften nicht haben. Sie möchte diese Daseinslücke unter unseren Füßen schließen.

Der Mensch, der von Gott geschaffen wurde, das ist das Eine. Das Andere ist der Lebenslauf eines Menschen. Wenn man ihn betrachtet, dann scheint es, dass das Leben sehr zufällig verläuft und dass es keine Gesetzmäßigkeiten gibt, dass alles, was geschieht, auch ganz anders geschehen könnte oder gar nicht stattfinden müsste. Aber eines ist gewiss: dass am Ende des Lebens der Tod steht. Gibt es für den Menschen angesichts dieser unumstößlichen Gewissheit eine Hoffnung?

Die Religion gibt es seit den Tagen, da die Menschen begonnen haben, über sich nachzudenken. Der Tod ist das dramatischste Beispiel dafür, dass wir im Rahmen der Natur nicht gemeint sind. Die Natur bringt uns hervor und nimmt uns wieder zurück in ihren Stoffwechselhaushalt. Wir sind in der Natur nichts weiter als eine Welle im Ozean, als eine kleine Form des Übergangs. Für die Tiere muss dies kein Problem sein. Ihre Lebensaufgabe besteht darin, Gene weiterzugeben und das, was neu entstanden ist an Leben, zu beschützen für eine gewisse Zeit und wieder abzutreten, wenn dafür die Voraussetzungen geschaffen sind. Wir Menschen empfinden diese Vorgaben der Natur als unzumutbar. Wir möchten eine Antwort für uns als Individuen. Wir sind nicht damit einverstanden, dass der Tod sein Possenspiel mit uns treibt. Wir wollen nicht, dass er am Ende triumphiert und sich lustig macht über uns, indem er alle noch so guten Absichten entwertet, all das zerstört, was wir aufgebaut haben. Und vor allem in der Liebe akzeptieren wir nicht, dass Menschen, die durch ihre Gefühle, durch ihre Nähe für eine ganze Ewigkeit einander bestimmt zu sein glauben, in einem beliebigen sinnlosen Moment durch die Knochenhände des Todes auseinandergerissen werden. Gegen den Tod möchte die Religion, dass die Empfindung vorhanden ist, die Liebe sei stärker als der Tod. Und wieder setzen wir dafür Gott und sagen: Er ist der Herr des Lebens und des Todes. Er ist der Grund dafür, dass es dich gibt, und er ist der Grund dafür zu glauben, dass die Liebe und das Leben stärker sind als die Macht der Verneinung und der Zerstörung.

Das heißt, die Hoffnung, die der Mensch schöpfen kann, kommt dann letzten Endes doch aus dem Glauben?

Der große Philosoph Immanuel Kant meinte einmal: Eines der größten Übel liegt darin, dass wir überhaupt erst lernen, wie zu leben wäre, wenn wir zu alt geworden sind, um es wirklich zu tun. Selbst das Thema unseres Lebens erkennen wir in aller Regel erst sehr spät, oft zu spät. Dann kommt hinzu, dass die Bewertung unseres Lebens scheinbar willkürlich ist. Was ist das wert gewesen, was wir gemacht haben, was wir gewollt haben? Wir haben etwas getan, aber es ist, wie wenn man einen Stein ins Wasser wirft: Er erzeugt Wellen, auf die wir kaum noch Einfluss haben. Je nach den Umständen kann die beste Meinung sich verformen gegen denjenigen, der etwas in die Welt gesetzt hat. Geschichtsbücher kommen und gehen über Menschen hin und erklären in bestimmten Zusammenhängen, was sie nun bedeutet haben und gewesen sind, aber alle paar Jahrzehnte kann der Blick sich vollkommen ändern. Karl Marx war für Teile der Welt bis vor etwa zwanzig Jahren noch eine Größe. Heute bekommt man seine Bücher für 50 Pfennige vor irgendeinem Museum in Ost-Berlin. Platon ist über zweieinhalbtausend Jahre groß gewesen. Aber vielleicht hat er in wichtigen Punkten geirrt. Kurz: Wir suchen etwas, das uns wiederum als Personen bestätigt. Nicht die Abfolge unseres Lebens, nicht die Kette der Generationen, nicht die Fruchtbarkeit unserer Leistungen sollen wichtig sein, sondern wir als Menschen, und dafür brauchen wir ein Gegenüber, das uns so anschaut, dass wir uns darin selber finden. Darin können wir aufatmen und unsere eigene Identität entdecken. Die Sprache der Religion kennt die Idee, es gäbe so etwas wie ein Gericht, in dem Gott kommt und unser Leben mit uns nochmal durchgeht. Ich denke, es muss eine solche Zuversicht geben: Es könnte alles richtig werden! Und selbst das Zerbrochene bliebe nicht liegen, sondern ließe sich neu aufnehmen in einen Werdeprozess, der es überreift und überliebt.

Hat denn der Glaube selber Hoffnung? Oder anders gefragt: Hat denn die Religion – und jetzt meine ich die christliche Religion – selber eine Zukunft?

Ich glaube, dass für viele Menschen heute die Religion etwas Abgetanes ist, und fast verdient sie dieses Urteil, wenn man sich ansieht, was in der Geschichte aus ihr gemacht wurde. Geblieben ist aber die Frage: Was sind wir Menschen wert? Und wie kann man begründen, dass jeder Mensch eine einzigartige Kostbarkeit ist? Diese Frage richtet sich an die Religion und sie wird außerhalb von ihr kaum beantwortet. Ganz im Gegenteil. Wir leben in einer Kultur, in der die Menschen immer stärker in die Welt der Zwecke hineingezogen werden, zu Rädern im Getriebe degradiert werden. Immanuel Kant konnte vor 200 Jahren sagen, alle Moral, alle Humanität gründet darauf, dass der Mensch niemals ein Mittel zum Zweck ist, sondern betrachtet wird als ein Zweck an sich selber. Aber wo soll dieser Zweck herkommen? Wir gehen auf Menschen zu und fragen: Was kann ich mit dir machen – für den Produktionsprozess, zur Sicherung des Industriestandorts Deutschlands, für meine Partei, als Stimme für meine Programmatik, als Kirchenmitglied und Steuerzahler? Immer will man etwas mit den Menschen machen. Immer setzt man sie in Konkurrenz gegeneinander. Bruchteile von Sekunden, Nanosekunden, sind plötzlich das Entscheidende. Neuntausendstel Sekunden entscheiden über die Poolposition für Michael Schumacher. Kein Mensch hat mit seinem Nervensystem auf Neuntausendstel Sekunden irgendeinen Einfluss, aber diese Computerdaten sind entscheidend für das Sponsoring, für Millionenbeträge, die völlig fiktiv über die Menschen ausgestreut oder ihnen weggenommen werden. In dieser Welt bräuchte es Orte, an denen Menschen sich beruhigen können, an denen sie überhaupt spüren dürfen, wer sie selber sind.

In der Welt der Konsumgüter, ob es nun ein Auto ist oder ein Kühlschrank, da fragen wir nach dem „Gebrauchswert". Aber ist es denn, wie wir das indirekt getan haben, überhaupt erlaubt, in Bezug auf die Religion das Wort Gebrauchswert zu benutzen?

Der Nutzen der Religion ist gerade darin gelegen, dass sie die Welt des Nutzens auflöst. Es gibt Gedanken, die sehr alt sind und die zeigen, dass wir im so praktisch gewordenen christlichen Abendland von den asiatischen Religionen lernen sollten. Ich denke, eine Religion von morgen kann nicht einfach eine bestimmte Kulturtradition gegen den Rest der Welt absolut setzen oder Gott als einen Lokalgötzen der jeweiligen Religion reklamieren. Die Religion von morgen wird sich interkulturell austauschen müssen. Keine Kultur ist auf dem Wege zum ganzen Menschsein. Aber genau das brauchen wir. Wir müssen die Entfaltung der Menschheit als religiöses Thema bestimmen. Dann könnten wir zum Beispiel im Abstand von über 2500 Jahren aus dem alten China von dem weisen Laotse hören, wie er damals, ein halbes Jahrtausend vor Christus, sagen konnte, dass die Welt des Nutzens nicht die Welt des Menschen sein kann. Er drückte sich so aus: „Der Hohlraum zwischen den Wänden eines Gefäßes macht das Gefäß so nützlich. Der Hohlraum zwischen den Speichen eines Rades macht das Rad so brauchbar. Das Nicht-sein der Mauer zwischen den Wänden macht das Haus be-wohnbar. Durch das Nichtsein ist alles gemacht."

Ich selber lerne das sehr stark in der Psychotherapie. Ich habe dort mit Menschen zu tun, die wirklich hilfsbedürftig sind. Und sie haben immer wieder diese Frage: Was muss ich machen? Unter dem Druck ihrer Not möchten sie natürlich eine rasche Antwort. Schon aber dass Menschen einem ih-nen zunächst unbekannten Menschen zutrauen, dass er in ihrem Leben Bescheid wüsste, zeigt ja, dass hier etwas nicht stimmt. Die ganze Therapie besteht im Grunde darin, einen Ort der Ruhe zu bilden, wo man einmal nachdenken darf: Wer bin ich denn selber? Und woher kommen denn nun mei-ne Probleme? Freud hat einmal gesagt: Man muss während der Therapie jeden Gedanken an eine praktische Entschei-dung: Was muss ich jetzt machen?, stornieren. Für die ge-samte Dauer der Therapie geht es nicht um die Frage: Was mache ich jetzt?, sondern: Wer bin ich selber? Das eigentlich ist der Raum der Religion. Dieser öffnet sich nicht, indem wir die Frage stellen: Wozu kann ich dich brauchen? Wie bist du funktional einsetzbar? Wie kann ich dich perfektionieren, um dich auszubeuten oder die Fremdbestimmungen in dei-ner Seele zu verstärken?, sondern: Wie gewinnst du Augen für dich selber? Wie wirst du sensibel für deine eigenen Schwingungen? Wie entdeckst du deine Träume? Wie viele Visionen hattest du in deinem Leben, die irgendwann abge-brochen wurden durch Enttäuschungen, durch Verbote? Das sind die Fragen, in die hinein die Religion an Legenden, an Mythen, an Symbole mehr glaubt als an die Informationen der Zeitung.

Wenn wir von der Religion sprechen und die Frage stellen: Was nutzt sie und was kann sie bewirken?, dann muss man auch von den christlichen Kirchen sprechen. Viele Menschen kehren den Kirchen den Rücken. Aber sie tun es nicht, weil sie gleichgültig und unreligiös sind, sondern vielleicht im

Gegenteil: weil sie auf einer Suche sind. Und diese Menschen sind vor allem auf der Suche nach dem Sinn des Lebens.

Ich glaube, dass die Kirchen, die verfassten Religionen, die institutionell gebundenen Formen der Frömmigkeit einen schlimmen Fehler begehen, wenn sie den Raum des Menschlichen und den Raum des Göttlichen immer wieder einengen. Im Grunde wird damit aus Gott ein Prinzip des absoluten Rechthabens. Es ist bedauernswert, dass fast in allen Religionen in den theologischen Köpfen die beste Intelligenz vernutzt wird, um letztlich absurde Ideologien zu begründen. Der Gott, den Jesus brachte, wollte nicht mehr darauf Rücksicht nehmen, ob jemand ein Jude oder ein Römer oder ein Grieche war. Später sagte Paulus: Diese Fragen sind, wenn man Jesus versteht, vollkommen uninteressant. Es gibt überall nur Menschen. Und über ihnen wölbt sich ein offener Himmel, der so weit ist wie für die Wolken und die Vögel. Wenn man von Gott redet, meint man keinen Kirchengötzen. Friedrich Schiller hat einmal in zwei Zeilen formuliert: Warum hast du keine Religion? Und er hat zur Antwort gegeben: Aus Religion! Er wollte damit sagen: Wer Gott begreift, der kann doch nicht denken, dass eine bestimmte Kulturform oder eine bestimmte Organisationsform diesen Gott gefangen setzen könnte. Ein Beispiel für eine solche Absurdität findet sich übrigens auch in der Bibel. Im 6. Jahrhundert vor Christus gab es den Propheten Ezechiel, der davon träumte, wie es sein würde, wenn in der heiligen Stadt der Tempel errichtet würde. Es würde so sein, dass dort ein Wasser des Lebens fließen würde bis in die Wüste hinein und alles bewässern und fruchtbar machen würde. Eine schöne prophetische Idee. Diese Idee aber wurde von Priestern ausgelegt, und diese artikulierten sie so: Wenn ein Tempel ist, muss Gott Einzug halten, denn Gott wohnt ja im Heiligtum. Also holen wir ihn ab in einer Prozession durch den Osteingang. Gott wird in den Tempel kommen wie der Sonnenaufgang. Und dann mauern wir den Osteingang zu – und nun sitzt Gott im Tempel. Er ist sozusagen der Gefangene der ihn verwaltenden Religion. Er ist ein Priestergötze.

Ich glaube, mit der Not vieler Menschen, die sie an ihren verfassten Kirchen erleben, verhält es sich so: Man will nicht mehr die Zwangsverwaltung, die Kasernierung des lieben Gottes, die dogmatische Rechthaberei, die Grabenkämpfe der Ideologen. Was man will, ist eine universelle Güte, ein Verstehen, das jeden einzelnen Menschen meint. Sie möchten Räume, in denen die Menschen heim geholt werden, zurückgeführt werden zu sich selber. Das alles brauchen Menschen mehr denn je, schon weil die Gesellschaft immer kälter wird und weil der Himmel, den die Astronomen durch die Fernrohre sehen, in den Dimensionen der Tiefe von Raum und Zeit immer unheimlicher wird.

Und wenn nun ein Mensch zu Ihnen in die Sprechstunde kommt und sagt: Herr Drewermann, ich sehe in meinem Leben keinen Sinn. Was könnten Sie ihm sagen?

Das ist schwierig. Und zwar deswegen, weil Menschen, die abstrakt sprechen, so gut wie niemals an Sinnlosigkeit leiden. Psychoanalytiker würden in aller Regel denken: der Sinnverlust geht darauf zurück, dass starke gefühlsmäßige Verbindungen mit der Welt durch Ängste, durch Schuldgefühle, durch Zensur blockiert sind. Zum Beispiel so: Ein Mensch darf nicht lieben. Sobald er das versucht, brechen Schuldgefühle und Ängste aus. Die Frau ist für ihn ein Tabu, ein Mann ist für ihn ein Tabu. Oder: Andere haben schwere Arbeitsstörungen, sind frustriert im Leistungsbereich. Unter all solchen Voraussetzungen schwerer Ich-Einschränkungen weiß am Ende ein Mensch wirklich nicht mehr, warum es ihn geben soll. Und das erlebt er als Sinnverlust. Oder ein Mensch, der einem sehr nahe stand, der einem alles bedeutete, ist durch irgendein sinnloses Ereignis, durch einen Unfall, ums

Leben gekommen. Dann ist die ganze Welt wie leer geräumt. Solche Momente sind tiefe Krisen auch der Sinnfindung. Sie können strukturell im eigenen Charakteraufbau, in schweren Gehemmtheitsstrukturen liegen, aber es kann auch momentan all das zusammenbrechen, worauf man sein Leben gegründet hat. Es geht nicht anders, als dass man dann, wenn irgend möglich, versucht zu zeigen, wie viel an Wert und Kostbarkeit in dem eigenen Leben liegt. Es ist wunderbar, dass es diesen anderen Menschen gab, der mit seiner Liebe und seiner Wärme alles geschenkt hat auch an Entdeckung der eigenen Würde, an Mut und Stolz zum Leben. Aber gerade, wenn das alles so war, dann galt es doch nicht einfach, weil der Andere so gütig war und ein netter Mensch, sondern er hat mit hellen, wachen Augen deine Wahrheit gesehen. Er hat dich so gesehen, wie du wirklich bist. Und das ist durch nichts zerstörbar. Im Letzten nicht einmal durch den Tod. Georges Bernanos hat in meinen Augen völlig Recht, wenn er am Ende des Romans vom *Tagebuch eines Landpfarrers* sagt: „Es gibt nicht ein Reich der Lebenden und ein Reich der Toten. Es gibt nur ein einziges Reich der Liebe, in dem wir auf immer gemeinsam sind."

Herr Drewermann, können Sie dieser Formulierung zustimmen: „Das Leben hat den Sinn, den ich ihm selber gebe"?

Der Gedanke, dass wir unser Leben selber machen, unseren Sinn durch Selbstentwurf formen, hat im Existentialismus vor allem der 1950er Jahre eine große Rolle gespielt. Ich glaube nicht, dass der Satz so stimmt. Ich glaube, dass die Bibel viel eher Recht hat. Menschen sind wie Kunstwerke, wie etwas Geformtes, das noch den Fingerabdruck Gottes an sich trägt. Und um das zu fühlen, hört man nach innen. Wir Menschen sollten uns das, was den Sinn unseres Lebens bestimmt, freilich nicht von außen diktieren lassen. Es sollte kein fremdgesteuertes Programm geben. Wir entwerfen uns nur dann richtig, wenn wir spüren, woran wir uns mit allem Gefühl und mit aller Leidenschaft unserer Person wirklich hängen können, wofür es sich lohnt, sich mit Haut und Haaren zu engagieren. Das ist zum Beispiel die Liebe. Das ist zum Beispiel ein starkes soziales Engagement. Das ist der Kampf gegen Krieg und Kriegsvorbereitung, gegen Ausnutzung und Ausbeutung der Tiere oder gegen die fast faschistoide Art, wie wir mit Heimatsuchenden, mit Fremden umgehen. Für all die lohnt sich ein vollkommenes Engagement. Aber ich kann nicht sagen, dass ich mir das selber vorschreibe, so wie wenn ich vor einem leeren Blatt sitze und mir ein neues Thema einfallen lasse, sondern das Thema kommt von innen. Menschen reagieren mit all dem, was sie sind, auf konkrete Herausforderungen der jeweiligen Situation – und dann freilich erkennen sie auch, wer sie sind. Das zeigt sich eben von Situation zu Situation durch die Summe von Entscheidungen. Die aber kommen aus der Tiefe der Person. Wir haben uns nicht in der Hand wie eine Billardkugel, die wir von rechts nach links stoßen.

Friedrich Nietzsche, Philosoph und Dichter, hat einmal gesagt: „Wer ein Warum zu leben hat, erträgt fast jedes Wie."

Das glaube ich unbedingt. Wenn man weiß, wofür man etwas tut – in diesem Sinne „warum" als Zielursache –, wofür es sich lohnt zu leben, dann hat man keinen Grund mehr, irgendetwas zu bedauern. Ein ganz wichtiges Mittel, um glücklich zu sein, besteht darin, sich genau zu überlegen, ob man hinter der Entscheidung, die man trifft, wirklich steht. Und wenn man das tut, dann inklusive aller Schwierigkeiten. Die lohnen sich dann für diese Liebe, für diesen Menschen, für dieses Ziel. Und es gibt nichts mehr zu bedauern oder zu betrauern.

Über Tugenden und Laster
oder
Die Moral in der Gesellschaft

Im Prado in Madrid hängt ein Bild von Hieronymus Bosch, das ringförmig angeordnet die sieben Todsünden zeigt, als da wären Neid, Stolz, Geiz, Jähzorn, Wollust, Völlerei und Trägheit. Es gibt natürlich noch viel mehr Laster als diese sieben so genannten Todsünden. Meine Frage: Was ist es, was eine Verhaltensweise überhaupt erst zu einem Laster macht?

Hieronymus Bosch am Anfang des 16. Jahrhunderts malt auf eine Weise psychologisch, wie es das bis dahin niemals gab. Schon die Rundung der Form zeigt, wie er den Menschen in Teufelskreisen gefangen sieht, und er will mit aller Impression, die ihm zur Verfügung steht, etwas in Frage stellen, das uns in der Gesellschaft für ganz normal gilt. Wenn wir von Tugenden und Lastern reden, meinen wir im Grunde die gesamte Gebirgskette der menschlichen Psyche in den höchsten Erhebungen und in den tiefsten Abgründen. Aber wir tun normalerweise so, wie wenn wir beides voneinander isolieren könnten. Die Tugenden prämieren wir, aber wir schauen nicht wirklich auf die Voraussetzungen, auf die inwendigen Kosten. Wir verurteilen die Laster, doch wir fragen uns nicht, wie Menschen dahin kommen. Man kann ganz einfach sagen: Jedes Laster hat seine Ursache darin, dass ein Mensch als Person zerstört wird und nicht wirklich leben kann. Er greift dann wie ein Ertrinkender nach den Planken eines untergegangenen Schiffes als Ersatzstücke einer Sicherheit, einer Liebe, die er dringend braucht, um am Leben zu bleiben, um sich über Wasser halten zu können. Aber dafür nimmt er jetzt Surrogate, klammert sich als Süchtiger an irgendein Suchtmittel. Das nennt man dann Völlerei und Trunksucht oder Wollust oder Gier. Aber was steckt wirklich dahinter? Doch nicht der gute Appetit! Doch kein erfolgreiches Glücksstreben! Oder er zerquält sich, er zernagt sein Herz – wie es in der Malerei oft dargestellt wird – im Neid, wenn er sieht wie gut es anderen geht, aber er spürt deutlich, dass er nicht in das Leben kommt, das er selber brauchen würde. Oder beim Jähzorn: er möchte so viel sagen, er hätte so viel zu tun, aber dann staut es sich in ihm auf, und er platzt am Ende wie ein Kessel bei Überdruck. Dann wird die Moral kommen und ihm sagen: Das darfst du aber nicht, du bist ein schlechter Mensch, du musst dich besser kontrollieren! Aber auf diese Weise verschärft man nur die Konflikte, aus denen die Laster stammen.

Bei den Tugenden ist es übrigens umgekehrt: Was alles tun Menschen in dem Wahn, etwas ganz richtig zu machen, ausgestattet mit den Prämien der Gesellschaft, und es sind bei genauerem Hinsehen nichts als kollektiv verordnete Verbrechen! Wir müssten auf den Menschen schauen, nicht auf seine Verhaltensweisen, um solche Dinge wie Neid, wie Eifersucht, wie Jähzorn und was auch immer in der Tiefe zu begreifen, und desgleichen um den Wahn so mancher Tugend aufzulösen.

Diese drei Laster, die Sie jetzt genannt haben – Neid, Eifersucht, Jähzorn –: mir scheint, dass gerade diese Laster eine ganz entscheidende Rolle spielen in der Geschichte von Kain und Abel, die uns im 1. Buch Mose erzählt wird. Beide sind Söhne von Adam und Eva, und die Bibel sagt uns, Kain wurde ein Ackermann und Abel, sein Bruder, wurde ein Schäfer, und dann beginnt die Erzählung wie folgt: „Es begab sich nun, dass Kain dem Herrn ein Opfer brachte von den Früchten des Feldes, und auch Abel brachte ein Opfer dar von den Erstlingen seiner Herde. Und der Herr sah gnädig an Abel und sein Opfer, aber Kain und sein Opfer sah er nicht gnädig an. Da ergrimmte Kain und senkte finster seinen Blick. " Meine erste Frage dazu heißt: Warum handelt Gott so? Warum schaut er gnädig auf das Opfer des einen und ungnädig auf das Opfer des anderen?

Fast alle Theologen stellen diese Frage als Problem, aber sie missverstehen die ganze Szene. Kain und Abel, will die Bibel sagen, sind wir selber, unter der Bedingung nämlich, dass wir uns vorkommen wie die ersten Kinder von Adam und Eva. Diese beiden wurden einer Schuld wegen von Gott vertrieben aus der Welt, die ein Paradies hätte sein können, und nun befinden sie sich als Asylanten des Daseins auf einer ihnen fremd gewordenen, im Grunde verfluchten Erde. Wie leben Menschen, denen das Gefühl, akzeptiert zu sein, berechtigt zu sein, gemocht zu sein, entzogen wird? Es geht nicht anders, als dass sie auf die Idee kommen, wenn man mich ablehnt, was kann ich dann tun, um trotzdem geliebt zu werden? Genau das ist der Gedanke, der sich in der Geschichte von Kain und Abel niederschlägt. Die beiden versuchen es, indem sie Opfer darbringen. Es ist ein Gedanke, der jedem kommen wird, in vergleichbarer Situation: Wenn ich mich anstrenge, wenn ich tue, was ich kann, wenn ich das Nützlichste produziere, was mir möglich ist – ich nutze es nicht einmal für mich selber, ich verzichte auf alles, ich werfe es auf den Altar eines grausamen Gottes –: spätestens dann muss man mich doch anerkennen. Spätestens dann kann ich doch die verlorene Berechtigung zurückkaufen, spätestens dann bekomme ich wieder die Eintrittskarte zum Leben, die ich verloren habe. Das ist die Geschichte von Kain und Abel in der Grundbedingung. So lange Menschen sich die Berechtigung zum Leben durch Vorleistungen und Opfer erkaufen, bleiben sie Verlorene, denn so geht es jetzt weiter: Jeder Mensch lebt im Kessel dieser Angst und wird damit, ob er will oder nicht, zum Konkurrenten des anderen, der genauso versucht, Ansehen durch Leistung zu erwerben. Es taucht sofort die Frage auf, wer bringt das beste Opfer, wer macht es noch tüchtiger als der andere? Plötzlich begegnen sich zwei Brüder, die beide dieselben Voraussetzungen haben, dieselben Qualifikationen, die gleichen Möglichkeiten – und sie suchen dasselbe Feld für ihre Bestätigung. Deshalb wird der eine für den anderen, weil es um Sein oder Nicht-Sein geht, zur Todesgefahr. Es genügt, dass er in irgendeinem Betracht als besser dasteht. Es ist nicht die Frage, wer Gott ist oder was Gott sich dabei denkt, es ist die Frage, wie sehen Menschen denn im Kessel solcher Angst die Wirklichkeit? Und sie können gar nicht anders als festzustellen, dass das Leben nicht gerecht ist.

Konkret gesprochen: Eine Frau hatte eine ältere Schwester, diese war klüger, stärker, in der Schule erfolgreicher – oder umgekehrt: diese Schwester hatte eine andere, die war schöner, hatte hübschere Haare, eine bessere Figur. Aus ganz unterschiedlichen Gründen kann ein ständiger Kampf der Eifersucht beginnen: Wer wird geliebt, was wird wirklich anerkannt? Was kann ich tun, um so schön zu werden wie die andere? Was muss ich machen, um so klug zu werden wie die andere? Wie kann ich Mängel ausgleichen durch Überkompensation und wie kann ich all das tun, nicht um dabei selber glücklich zu werden, sondern um die anderen zufrieden zu stellen? Das ist der Hintergrund dieser existentiellen Ungerechtigkeitssituation. Man kann die Unterschiede eigentlich nur zu nivellieren suchen, aber man weiß, es wird nur der Beste prämiert werden, es wird nur der Fitteste überleben. Man hat den Sozialdarwinismus als verinnerlichte Psychologie.

Auch meine nächste Frage bezieht sich auf das Verhalten Gottes. Er sieht, dass Kain finster seinen Blick senkt, und er warnt Kain, er sagt zu ihm: Beherrsche dich! Aber Kain geht mit Abel aufs Feld und erschlägt ihn. Der Moralappell Gottes ist ins Leere gegangen . . .

Das ist eine unglaubliche Stelle. Immer wenn ich sie lese, bin ich erschrocken und werde nachdenklich. Man sieht, wie Kains Gesichtszüge sich verfinstern, und man kann es ja verstehen, wie es einem Menschen geht, der sich absolut in den Schatten gestellt fühlt und meint, nicht gesehen zu werden. Es ist das Schlimmste, was einem Menschen passieren kann. Angst ist im Grunde Liebesverlustangst, und genau das erlebt Kain hier. Er kann machen, was er will. Da ist neben ihm ein anderer, und das genügt, um ihn in Ewigkeit in den Schatten zu stellen. Und nun beginnt in diesem Menschen der Gedanke Raum zu greifen: Was bleibt denn überhaupt noch? Wie kann ich den anderen aus dem Weg räumen, damit ich endlich ins Licht komme? Offensichtlich scheint, der biblischen Darstellung nach, Gott das zu ahnen, mindestens sieht er, wie es den Menschen geht. Und nun tut er, was wir in vergleichbarer Situation wohl alle täten, er redet Kain ins Gewissen. Er möchte, dass er sich angesichts der drohenden Gefahr seiner sich aufstauenden Gefühle besser beherrscht. Gott redet hier zum ersten Mal mit Kain, und seine Sprache ist die der Moral. Übrigens ist der Satz im Hebräischen an dieser Stelle völlig zerbrochen, man kann ihn nicht flüssig übersetzen, er lautet ungefähr so: Warum dies dir Kain, dass dein Angesicht fällt, nicht wahr, wenn Gutes du – Erheben, so aber Böses du –, die Sünde, ein Lagerer vor deinem Herzen, du aber walte ihr ob! Das ist ein Hebräisch, wie es nirgends in der Bibel sonst gesprochen wird; das soll heißen: es ist wie wenn selbst die Sprache Gottes in der Angst verwirrt wäre. Und ein Mensch voller Angst hört am Ende nur noch den Befehl: Beherrsche dich doch! Das Erschreckende ist, dass Kain das sogar versucht. Er geht mit Abel aufs Feld, um mit ihm zu reden. An dieser Stelle fehlt in der Bibel die Fortsetzung. Alle Theologen fragen sich schon seit den Tagen der griechischen Übersetzung, was haben die beiden miteinander gesprochen? Es steht aber nicht da. Es gibt nichts mehr zu bereden. – Wie viele Ehen gibt es zum Beispiel in unseren Tagen, die noch mal gekittet oder in ihren Konflikten überbrückt werden möchten durch ein entscheidendes Gespräch! Es kommt aber nicht zustande, beide Partner verstummen. Sätze wie: ich hab dich doch lieb, lass dich nicht so kränken!, wären jetzt dringend nötig. Genauso redet Gott hier aber nicht. Das Einzige, was er Kain verordnet, ist die Spaltung seiner selbst: Der gute Wille soll das Triebgefüge beherrschen. Genau das aber geht nicht. Am Ende platzt es in Kain, und er wird zum Anfallstäter, er wird zum Jähzornigen. Wieder ein Laster!

In einer Gerichtsverhandlung, denke ich, würde als Tatmotiv des Kain zweifelsfrei bestimmt werden Neid und Eifersucht in Verbindung mit Jähzorn. Sind Neid und Missgunst nicht im Grunde auch die Triebfedern für das was unsere Gesellschaft kennzeichnet, von der man sagt, es sei eine Leistungsgesellschaft. Es ist doch mehr eine Konkurrenzgesellschaft, in der sich der Einzelne definiert durch Erfolg, Geld, Statussymbole. Lässt sich diese Übertragung von mythischer Urzeit in die moderne Gesellschaft herstellen?

Dies lässt sich ganz sicher herstellen. Es hat John Steinbeck auf seine Weise in dem Buch „Jenseits von Eden" diese Kain-und-Abel-Situation schildern wollen. Er berichtet da von dem jungen Caleb, der darunter leidet, dass sein Vater den Bruder Aron bevorzugt. Caleb hat erfahren, dass sein Vater in finanzielle Krisen gekommen ist. Um ihm zu helfen möchte er Bohnen züchten. Der Erste Weltkrieg hat gerade begonnen und Caleb hat gehört, dass die Bohnenpreise anziehen werden, um das Militär mit Nahrungsmitteln zu versorgen. Kurz, am Geburtstag seines Vaters bringt er die Erträge von den Feldfrüchten, ein ganzes Bündel Geld. Er hat noch nicht ganz das Zimmer betreten, da hört er den Vater zu Aron sagen: Das ist das schönste Geschenk, mein Sohn! Aron nämlich hat an diesem Tage seine Verlobung kundgetan. Dann steht Caleb da, blättert dem Vater das Geld hin, und der fragt: Woher hast du das? Caleb sagt: Von den Bohnen. Und dieser ehrwürdige, moralisch denkende Patriarch erklärt seinem Sohn Caleb: Mit dem Krieg verdient man kein Geld, mit dem Blut Unschuldiger! Er rührt es nicht an. An diesem Abend wird es geschehen, dass Caleb seinen Bruder Aron zu seiner Mutter führt, die in Salinas als Prostituierte lebt. Und Aron meldet sich freiwillig zum Krieg. Das ist in wenigen Worten die Geschichte der mangelnden Anerkennung. Und wie machen wir es?

Wir lehren unsere Kinder, dein Vater hat dich lieb, wenn du dazu taugst, dass du seinen Betrieb übernimmst, oder wenn du der Stolz der Familie wirst oder wenn du all die unerfüllten Sehnsüchte deiner Eltern später in Erfüllung setzt. An jeder Stelle ist die Bedingung vorhanden, man liebt dich, wenn du die entsprechenden Voraussetzungen erfüllst. Unsere Gesellschaft lässt nicht eigentlich Menschen gelten, sondern vernutzt sie zur Inbetriebnahme ihres Wirtschaftssystems. Wir bringen den Kindern bei, dass sie nur als Tüchtige in den Schulen eine Chance haben, man lehrt sie, wie man sich mit Ellenbogen durchsetzt. Unsere Vierzehnjährigen haben Hunderte von Malen im Fernsehen geschaut, wie man jemand mit Pistole oder Maschinengewehr umlegt – und das sind noch die harmlosesten Grausamkeiten, die sie jeden Tag sehen. Die Gewaltakzeptanz scheint zu unserer Gesellschaft zu gehören und bis zum Zynischen zu gehen. Es geht darum, wie man *cool* wird, indem man Gefühle ausdünnt oder überhaupt nicht mehr hat. Dabei entfernt man sich immer mehr von der Wirklichkeit. In die Computer werden Daten eingegeben, die kaum noch eine Korrespondenz mit der Wirklichkeit haben. Welch eine Person in einer Bank hat noch eine Vorstellung, dass das, was sie da jetzt tabelliert findet, den Untergang einer Familie bedeutet oder einen Mann in den Selbstmord treiben wird. Es ist egal. Man sieht nur die Zahlen und die bedeuten etwas, das man nicht mehr sieht. Diese völlige Abstraktion von menschlichem Gefühl, diese

Gleichgültigkeit, dieser Zwang zur Anpassung an das, was die Gesellschaft erwartet, spielt sich in dieser Anrede Gottes beinahe ins Unverschämte: Du musst dich aber beherrschen! Ich bin noch weiter dein Gott, wenn du dich fügst, entsprechend dem, was ich von dir erwarte, und was du fühlst ist mir völlig egal.

Herr Drewermann, in Ihrem Buch: „Ein Mensch braucht mehr als nur Moral", so der Titel, da fand ich einen Satz, über den ich stolperte. Er lautet: Es gibt Formen der Tugend, die schlimmer sein können als gewisse Laster.

Wenn man sich vorstellt, wir hätten einen Kain, der jetzt nur noch diszipliniert seinen Sadismus in sich trägt, dann wäre er ein tugendhafter Mann. Aber was müsste dafür bezahlt werden? Wir hätten einen Rechthaber schlimmster Prägung. Wir hätten einen Mann, der ständig gegen sich selber Krieg führt. Diesen Krieg würde er wahrscheinlich auch nach außen führen. Wir hätten jemanden, der die „unendliche Gerechtigkeit" verlangt und dafür bereit ist, die Bösen auszurotten, so wie er alles, was er in sich als Gefahr spürt, bereit ist auszurotten. Die Tugend ist dann lediglich ein Abwehrbegriff dessen, was man als Laster definiert. Aber dazwischen werden die Menschen auseinander gerissen, und es gibt keine Einheit. Es gibt die Angst vor den Triebregungen und es gibt die Flucht ins Über-Ich, und dazwischen wird das eigene Ich, die Persönlichkeit, zermahlen wie zwischen zwei Mühlsteinen. Zwischen Versagen auf der einen Seite und Schuldgefühl auf der anderen Seite kommen Menschen mit sich selber nicht zurecht. Darum ist die Frage, wie man die Menschen von beidem erlöst, von ihren Lastern und oft genug von ihren Tugenden. Mit Moral alleine geht es nicht, die redet stets die Sprache des „du musst", des „du sollst"!

Ich entsinne mich der Einleitung des Dramenfragments „Woyzeck" von Georg Büchner. Da redet dessen Hauptmann mit dem armen, von Ängsten verwirrten, in medizinischen Versuchen hergenommenen Burschen Woyzeck ungefähr so: Er hat keine Tugend! Er ist kein tugendhafter Mensch! – Und Woyzeck sagt nur: Es muss was Schönes sein um die Tugend, Herr Hauptmann. Wenn ich ein Herr wär und hätt einen Hut und eine Uhr und einen feinen Anzug, ich wollt schon tugendhaft sein. – Was redet Er da, Woyzeck? Ein Mensch hat seine Tugend. Wenn's draußen geregnet hat, und ich lehn mich aus dem Fenster und ich seh die Maderl über die Gassen springen, die weißen Strümpf, da kommt mir das Blut. Aber die Tugend, Woyzeck, die Tugend! – Büchner appelliert in dem ganzen Drama nur für Mitleid mit dem ausgelieferten, innerlich getriebenen Woyzeck, mit einem armseligen Menschen, den man so nicht schikanieren darf; es ist verboten, so mit Menschen zu verfahren. Woyzeck wird am Ende die einzige Person, an der er wirklich hängt, seine Marie, ermorden auf den Verdacht hin, sie hätte einen Tambourmajor geliebt. Die Grille hat man ihm ins Ohr gesetzt, und daran stirbt er seelisch, dadurch wird er zum Mörder.

Und dieser Hauptmann bei Büchner ist ein Vertreter der Gesellschaft, in der diese moralischen Maßstäbe scheinbar gelten. Aber was da zum Ausdruck kommt ist das, was man gemeinhin Doppelmoral nennt. Und wenn wir jetzt auf die moderne Gesellschaft schauen, auf die Gesellschaft in der wir leben: Ist es nicht so, dass sie für viele Laster erst die Voraussetzungen schafft?

Ja, ganz sicher! Unsere Gesellschaft lebt ja im Grunde von der Favorisierung dessen, was sie mit moralischen Mitteln zu verabscheuen vorgibt. Unkeuschheit und Unzucht, dafür haben wir eine ganze Industrie, Völlerei und Genusssucht – auch dafür ist eine ganze Industrie eingerichtet. Wir haben Neid gewissermaßen als die vorausgesetzte Tugend des Kapitalismus. Den Antrieb, noch mehr zu haben und immer noch mehr zu bekommen, halten wir ja für die Grundlage des freien Wettbewerbs. Das Gewinnstreben ist zur Trägerdefinition des Zusammenlebens geworden. Erst wenn der Einzelne das alles einsetzen würde, um persönlich glücklich werden zu wollen, bekäme die Gesellschaft damit Schwierigkeiten. So lange das Ganze abstrakt bleibt, so lange es Geldform annimmt, ist sie begeistert dabei, Menschen in immer neue Zwänge und Abhängigkeiten hineinzutreiben. Im Übrigen geht das mit den Tugenden genauso. Man will ja nicht, dass die Menschen mit sich selber identisch werden, sondern man erklärt zum Beispiel *Treue* zur Vorschrift – zwischen Liebenden ein kostbarer Begriff, der sehr viel Verletzlichkeit bedeuten würde, setzte man die Untreue dagegen. Aber man hat Treue so, wie man es vor mehr als 60 Jahren bei der Waffen-SS zum Beispiel gelernt hat: Unsere Ehre heißt Treue!, so hieß das damals. Mit anderen Worten: Was ich bin, delegiere ich an die Bezugsgruppe, die mich als Teil der Tötungsindustrie gedrillt und trainiert hat, und was sie mir in Auftrag gibt, habe ich zu tun, das ist meine Identität, meine „Treue". Schlimmer kann man Selbstentfremdung, Zerstörung der Person gar nicht definieren, aber das ist eine gesellschaftliche Tugend, genauso wie *Gehorsam*. Nicht selber zu denken, nicht die Realität zu prüfen entsprechend der Situation, in der man sich befindet, sondern die Ohren zu spitzen, was die zuständige Autorität an Untertänigkeit gerade abruft, das soll eine Tugend sein! – Alle Tugenden haben eine unerhörte Gefahr in sich und erscheinen gesellschaftlich so missbräuchlich.

Ich entsinne mich eines Gesprächs vor einigen Jahren im deutschen Fernsehen, als man den Bomberkommandanten über Nagasaki befragte, was er sich gedacht hat und heute noch denkt. Fünfzig Jahre sind ins Land gegangen, zwei Drittel seines Lebens, und er hat mehr Menschen auf dem Gewissen als außer dem Bomberkommandanten über Hiroshima niemand sonst auf Erden. Major Sweeney hat 80 000 Menschen in ein paar Sekunden getötet. Und er wird noch ein paar hunderttausend Menschen töten in den Folgewirkungen. Was hat er gedacht in all der Zeit? Der Mann wurde sehr wütend, er sagte, ich habe getan was jeder Soldat getan hätte, Befehl ist Befehl. Und ich musste erschrocken denken, da hat er Recht! In keiner Armee der Welt wird man Menschen beibringen, wie sie Widerstand zu leisten, in welchen Augenblicken sie die Pflicht zum Ungehorsam hätten. Sie haben zu gehorchen – und das ist die Tugend. Man kann so sagen: Gegen die privaten Laster hat die Gesellschaft etwas einzuwenden; aber falsche Tugenden sind über den Transmissionsriemen der kollektiven Anerkennung ins Universelle gedehnt – und darum schlimmer zu erachten als die privaten Laster.

Ich will zum Schluss auf das kommen, was man als die christlichen Haupttugenden bezeichnet, also Glaube, Hoffnung, Liebe. Diese drei Tugenden, sind sie überhaupt Tugenden im herkömmlichen Sinne oder sind sie nicht sogar mehr?

Sie könnten wunderbar sein, je nach der Definition. Wenn Glauben bedeutet, ich muss übernehmen in Demut und Gehorsam, was das Kirchensystem einem Menschen per Indoktrination vorschreibt, dann hat man Glaube lediglich als verwaltete Ideologie, im Grunde als Aberglauben und Unglauben. Aber würde man sagen, es gehe nicht um die Anerkennung bestimmter Kirchensatzungen, die einen Menschen zur Hoffnung bestimmen und eines Tages ihm die Liebe ermöglichen sollen, sondern umgekehrt: Wir würden einmal denken, Gott käme in das Paradies der Welt zurück und fände einen Menschen vor wie Kain, der nicht mehr weiß, hat man ihn lieb, wie steht man zu ihm? Und Gott würde nicht sagen: Beherrsche dich, Kain! Er würde sagen: Woran denkst du? Was sind denn das für Albträume? Dein Bruder Abel hat ein Opfer gebracht, und das mag ich gern, aber auch du hast gebracht, was du konntest, und das langt mir allemal. Du musst überhaupt nicht schauen, was dieser Abel da gemacht hat! Dass du existierst, ist mir das Allerwichtigste – und wer alles sonst noch ist, das können wir getrost vergessen. Für mich bist du einzigartig in deiner Person! Dann würde Gott die Sprache reden, die nur die Liebe reden kann, und das wäre die Lösung des ganzen Problems. So lange wir zur Seite schauen, wird es immer Menschen geben, die besser sind als wir, und wir werden uns minderwertig fühlen; oder wir werden Menschen sehen, die scheinbar geringer sind, und dann schwillt uns der Kamm und wir werden stolz; schon wieder ein Laster! Aber wie werden wir mit uns identisch? Das geht nur im Gegenüber einer Liebe, die oft viel mehr an uns glaubt, als wir selber an uns haben glauben können.

Jeden Tag zum Beispiel kommen zu mir Menschen in die Therapie oder in die Seelsorge. Und einfach für das, was sie durchgemacht haben, fange ich an, sie irgendwie zu mögen. Ich möchte sie jedenfalls verstehen, und ich fange an, mich in irgendeiner Form gefühlsmäßig an sie zu binden. Es gibt eine Resonanz und, nennen wir das, was ich dann aufbringe, Liebe, als wirkliches Mitgefühl. Das lehrt mich dann, *Hoffnung* zu setzen; eine neue Tugend! Ich erfinde für diese Leute Möglichkeiten, die bis dahin gar nicht sichtbar waren, oder es tauchen im Gespräch Visionen auf, wie es anders auch gehen könnte, und die Voraussetzungen dafür sind am Ende das, was man Glauben nennt, ein Stück Zuversicht in sich selber. So konnte der Dichter Friedrich Rückert mal im 19. Jahrhundert schreiben, indem er in seiner Geliebten sein eigenes besseres Ich erblickte: „Dass du mich liebst, macht mich mir wert." Nur die Liebe kann bewirken, dass sie in einem Menschen das Beste freisetzt, und sie schafft eine Bahn mitten dazwischen: Es gibt keine Tugenden mehr, es gibt keine Laster mehr. Die Buddhisten würden sagen, es gibt nur noch einen mittleren Pfad der Übereinstimmung mit sich selber.

Arm und Reich
oder
Die Folgen der Globalisierung

Es gibt eine Ballade von Goethe, die heißt: Der Schatzgräber. Und da heißt es in der ersten Strophe: „Armut ist die größte Plage, Reichtum ist das höchste Gut!" Der das sagt, das ist der Schatzgräber, der denkt: Es kann nicht der Sinn meines Lebens sein, arm zu sein und es zu bleiben. Deshalb macht er sich auf den Weg, um einen Schatz zu graben.

Das Problem der Armut ist das Problem der Habgier und deren Psychologie. Ganz merkwürdig, dass die Religionen eigentlich zu allen Zeiten die Kunst lehren wollten, wie man arm wird. Sie haben einfach gedacht, Menschen, die reich sein wollen, machen etwas falsch. Diese Menschen leiden unter Minderwertigkeitsgefühlen, sie trauen sich selber als Person so wenig zu, dass sie in das Haben flüchten. Der Psychoanalytiker Erich Fromm hat es ganz richtig als einen Grundzug unserer Gesellschaft beschrieben, dass wir den Menschen wesentlich bestimmen durch das, was er hat, nicht durch das, was er ist. Eine Schriftstellerin erklärte mir mal, wie sie in den USA bei einem *power breakfast*, einem Geschäftsfrühstück, hörte, wie man fragte, wie „schwer" sie sei. Man wollte wissen, wie viel Geld sie wohl bei der Bank deponiert hat. Menschen werden nach ihrem Geldbeutel taxiert, weil ihre Person für null und nichtig genommen wird. Und wir haben eine Welt, in der man die Menschen immer mehr zu dieser Selbstverachtung anleitet. Auch psychologisch sehe ich dies ganz stark: Menschen versuchen, aus sich etwas zu machen, weil sie sich immer im Kampf gegen das Gefühl der eigenen Nichtigkeit befinden. Sie überfordern sich, sie überdehnen ihr

Leistungsvermögen, sie zwingen sich zu immer Größerem. In der Psychotherapie ist das ein goldener Satz, der in der Bergpredigt ganz paradox am Anfang steht. Jesus erklärt da: Glücklich nenne ich die Menschen, die ihre Armut kennen und die sich zu ihrer Armut bekennen. Glücklich sind die geistig Armen, so heißt es wörtlich übersetzt. Mir scheint das überaus wichtig. Wir sind nicht diese Männer und Menschen aus Eisen, die standfest sind, die alles können, alles müssen, alles werden. Ganz im Gegenteil: Wir sind verletzbar, dünnhäutig, schwach, oft hilflos. Die Bibel beginnt mit der Geschichte, dass die Menschen sich schämen, nackt zu sein. In einer Welt der Angst ist es eine tödliche Gefahr, vom anderen beäugt zu werden, womöglich auf die eigenen Schwachpunkte. Die muss man in irgendeiner Form kaschieren, verbergen. Und man fängt an zu lügen. Man stellt dauernd eine Außenseite dar, um sozial angesehen zu sein, um sich liebenswert einzuführen in die Gesellschaft. Hat man aber erst einmal diese Maßstäbe gesetzt, läuft man doch unter der eigenen Messlatte ständig durch. Man kommt dann nie mehr drüber. Viel besser ist es, die Wahrheit einzugestehen, wer man selber ist. Aber dazu bräuchte man gütige Augen, die sagen: Für mich darfst du so sein. – Ich sehe viele Ehen schon daran zerbrechen, dass Männer da sind, die im Grunde keine Schwäche zeigen dürfen. Sie haben gelernt, dass man sie für ihre Stärken liebt. Aber die Frau womöglich möchte gar nicht so einen Macho von Mann. Sie möchte jemanden, der auch mal schwach sein darf und der seine Wahrheit mitteilt und nicht am Ende noch an seine eigenen Lügen glaubt. Die Gesellschaft des Reichtums ist eine einzige Gesellschaft des Selbstbetrugs.

Wenn es so ist, dass in den Religionen – auch im Christentum – der Armut ein Wert an sich beigemessen wird –, so kann es doch gleichwohl nicht sein, dass arm oder reich zu sein gottgegeben ist, vor allem nicht, dass die einen arm sind und es bleiben und die anderen reich sind und immer reicher werden.

Ich glaube, den Jesus im Neuen Testament ganz gut zu verstehen, wenn ich denke, er ist im Grunde gar nicht imstande gewesen zu begreifen, wie ein Mensch inmitten einer Welt von Elend und Armut, die ja bis heute so besteht, die Stirn haben kann, reich zu sein. In dieser Welt verhungern 50 Millionen Menschen jährlich. Wie ist das möglich, mit gutem Gewissen und bürgerlichem Verstand zu sagen: Ich sorge jetzt für meinen Geldbeutel? Mal so gesprochen: Wenn im Nachbarhaus ein Mensch verhungern würde, käme die Polizei und hätte das Recht, uns wegen unterlassener Hilfeleistung anzuzeigen. Bloß wenn die Menschen 2000 km weiter im Süden an Hunger sterben, sind wir nicht zuständig, ist das außerhalb unseres Gebietes. Wenn sie zu uns kommen und sagen: Wir sind geflohen vor dem Hunger und der hat für uns die Gestalt des Todes, dann erklären unsere Asylgesetze, dass wir für Wirtschaftsflüchtlinge nicht zuständig sind. Wir schotten die Grenzen ab gegen den Strom des Elends, den wir in gewissem Sinne durch unseren Reichtum selber erzeugen. Diese Logik kann nicht gut gehen, denn sie zerreißt die Menschheit und sie zerreißt die Welt. Sie zerreißt auch unsere Gesellschaft in eine Welt von 20 Prozent Superreichen und 20 Prozent Superarmen, und dazwischen wird der Mittelstand immer dünner. Wir haben in dem „Vorbildland" der Vereinigten Staaten von Amerika 40 Millionen *working poor*. Das sind Menschen, die jobben und jobben und die doch nie auf einen grünen Zweig kommen werden. Sie sind die ausbeutbare Schmiermasse des Kapitalismus. Jeden Job – er kann noch so niedrig sein, noch so Kräfte verzehrend – werden sie annehmen müssen, denn sonst verlieren sie jede Unterstützung. Aber haben sie erst diesen Job, werden sie ihn nie mehr los. Selber reich zu werden und nicht zu sehen, wer eigentlich den Reichtum bezahlen muss, ist das Ungeheure im Sinne Jesu und im Sinne jeder Menschlichkeit.

Nun ist ja Armut ein relativer Begriff. Aber man muss doch feststellen – Sie haben es auch schon gesagt –, dass die Kluft zwischen Arm und Reich größer wird, sowohl in den einzelnen Ländern als auch im Maßstab der Welt. Und wir erleben eine neue Form von Kapitalismus, die als Globalisierung bezeichnet wird. Inwieweit ist diese „Globalisierung" ein Grund für diese Entwicklung?

Das sind, genau betrachtet, zwei Mechanismen. Das eine ist: Wir machen Geld mit Geld. Wir haben inzwischen herausgefunden, dass der beste Weg, um Geld zu vermehren, gar nicht mehr über die Produktion und den Markt und den Absatz führt; das ist alles sehr aufwändig und dauert zu lange. Viel besser ist: Man geht gleich an die Börse. Wir haben ein riesiges Kreditwesen, das immer wieder über den Zins denjenigen, der das Geld hat und verleiht, dafür belohnt, indem er noch mehr Geld scheffeln kann. Dabei werden die Armen immer ärmer. Sie müssen ja nicht nur ihre Schulden zurückbezahlen, auch die Zinseszinsen für die unbezahlbar gewordenen Schulden. Schon dadurch rückt die Erste Welt immer weiter ab von der Dritten Welt. Die Verelendung der Dritten Welt lässt sich ganz konkret darauf zurückführen, dass ganze Wirtschaftszweige vernutzt werden für nichts weiter als den Schuldendienst zu tätigen an die so genannten Geberländer, also an die Industrienationen in Westeuropa und Nordamerika.

Zum zweiten: Wir haben seit über 35, 40 Jahren klar zu beobachten ein Auseinanderdriften zwischen den Ländern, die Industriegüter produzieren, und anderen, die buchstäblich nur ihre Haut zu Markte tragen können und die Natur, in der sie leben, zum Ausverkauf degradieren müssen. Wir haben eine Schere zwischen den Fertigwaren und den Rohstoffen, die sich ständig erweitert, statt sich zu schließen. Die Dritte Welt ist dafür zuständig, die Ressourcen zu bieten, und die Preise für die Rohstoffe werden nach aller Möglichkeit so weit niedergedrückt wie es nur geht. Globalisierung bedeutet unter anderem, dass wir in die Ressourcen hineingehen, die wir am günstigsten ausbeuten können, und in die Länder, in denen wir das billigste „Menschenmaterial" finden, die billigsten Arbeitskräfte, die für die Produktion eingesetzt werden können, zu minimalen Sozialkosten, zu minimalen Anspruchsrechten, zur minimalen Wiedergutmachung der Schäden, die wir dabei hinterlassen! Und auf der anderen Seite stehen die Fertigwaren, dafür sind wir zuständig. Wir haben dafür das Know-how, wir haben die Technologie, wir können unseren Erfolg am Ende sogar exportieren und die Lizenzgebühren dafür einstreichen. – „Globalisierung" ist ein täuschender Begriff, denn er stellt uns vor Augen, die Welt würde eins. Vor einiger Zeit sah ich in einem Museum ein Bild, auf dem die Weltkugel abgebildet war, und da drin steckte unter amerikanischer Fahne ein Tomahawk. Ich glaube, das ist die Vorstellung von Globalisierung: die Weltkugel sozusagen als Roulettkugel und dazwischen ein amerikanischer Tomahawk. Ein Wirtschaftssystem, das die Welt in mindestens zwei Teile zerspaltet, wenn nicht überhaupt zum Auseinanderbrechen bringt. Da wird nicht globalisiert, da wird dividiert, und am Ende wird die Dividende ausgeschüttet.

Nun ist es aber so, dass nicht immer alles nur schwarz oder weiß ist. Die kapitalistische Wirtschaft, denke ich, ist im Grunde ambivalent: Sie produziert Armut und Reichtum, sie schafft Ordnung und Chaos, sie ist rational und irrational zugleich.

Das eine ist ganz deutlich: Man hat den Mangel ökonomisch überwunden spätestens durch die Industrialisierung Ende des 18., Anfang des 19. Jahrhunderts. Zum ersten Mal konnten Konsumgüter in großen Massen auf den Markt geworfen werden. Kein Mensch will hinter den Zustand der Industrialisierung zurück. Ganz im Gegenteil! Wir hätten mittlerweile die Möglichkeit, so viel zu produzieren, dass niemand mehr Hunger, niemand mehr wirklich Not leiden müsste. Die Voraussetzungen haben wir technisch und wirtschaftlich längst. Die Frage ist also: Warum findet die Weltbeglückung, die wir erreichen könnten, ökonomisch nicht statt? Ich glaube, wir machen einen schlimmen Fehler: Wir reden von Globalisierung und meinen damit, dass ein bestimmtes Wirtschaftssystem, der Kapitalismus, expandiert und sich der ganzen Welt aufzwängt. Es gibt eigentlich keine Freiräume mehr gegen dieses System. Nach dem Zusammenbruch des Ostblocks scheint der Turbo-Kapitalismus die Treibkraft der Zukunft zu sein.

Das Entscheidende ist, dass wir zwar global wirtschaften und dass wir jederzeit globale Wirkung zeitigen, dass wir aber eine Denkstruktur haben, die Profite maximiert innerhalb einer rein betriebswirtschaftlichen Logik. Das ist der entscheidende Fehler. Wir lassen die Betriebe wie in alten Vätertagen gegeneinander in Konkurrenz antreten. Das bedeutet, jeder Betrieb muss seine Produkte möglichst billig herstellen. Er muss die Arbeitskräfte entweder ganz ausrationalisieren oder die Löhne so billig halten, dass am Ende die Produkte möglichst wenig kosten. Schon von daher wundert mich die Chuzpe, mit der Politiker sich und anderen vorlügen, im Rahmen unseres Wirtschaftssystems die Arbeitslosigkeit durch Erleichterung der Produktionsbedingungen und steuerliche Konsumanreize senken zu wollen. Es gibt in der Volkswirtschaftslehre das magische Dreieck, dass man von drei Zielen nur zwei erreichen kann und das dritte ausschließen muss: die drei Ziele sind: Wirtschaftswachstum, Preisstabilität und Vollbeschäftigung. Wer ständiges Wachstum unter Konkurrenzdruck propagiert und keine Inflation riskieren will, der sorgt von ganz allein für Arbeitsplatzabbau. Die DDR zum Beispiel garantierte zumindest nominell jedem seinen Arbeitsplatz, und sie brauchte schon wegen ihrer Devisenschwäche relative Preisstabilität; *ihr* Preis bestand in einem langsamen

Wirtschaftswachstum. Aber war das so schlecht? Der freie Markt sorgt lediglich dafür, dass die Reichen unter den Konsumenten zufrieden bleiben – wenn die Fleischpreise niedrig sind, wenn die Autopreise niedrig sind, wenn es sogar zu Preissenkungen kommt. Was in die ganze Rechnung aber niemals Eingang findet, sind die wirklichen Kosten. Man hat beispielsweise 10 000 Arbeitskräfte entlassen. Das kann die Produktion ganz erheblich verbilligen. Natürlich! Und die Börsianer sind sehr froh, dass nun gerade ihre Firma boomt. Die wirklichen Kosten werden aber lediglich delegiert. Die 10 000 Leute müssen natürlich jetzt von anderer Seite bezahlt werden: von den Sozialkassen zum Beispiel, von der Arbeitslosenhilfe, vom Steuerzahler! Zu den Steuerzahlern gehören all die Konsumenten, die man gerade damit betrogen hat, dass ein bestimmtes Produkt so billig geworden ist. In Wirklichkeit ist es sehr viel teurer geworden. Wir müssen nur mal die Umweltkosten nehmen! Sechs Erdölfirmen sind imstande, sämtliche Meere zu versauen, sind imstande, Ozeane zu verdrecken und zu verseuchen, sie fahren unter sogenannten Billigflaggen, ohne dass es irgendeine internationale Kontrolle gibt. Jede Firma macht im Grunde, was sie will. Wir haben eine betriebswirtschaftliche Logik, in der die einzelne Firma völlig egoistisch ihren Vorteil zwischen Herstellung und Markt kalkuliert. Aber die Folgekosten, die sie anrichtet, gehen nicht mehr in die Preisgestaltung ein. Und an diesem Widerspruch krankt und leidet das alles.

Würden wir wirklich global denken, müssten wir in vernetzten Strukturen uns ständig fragen: Was kostet zum Beispiel ein einzelnes Auto wirklich? Was kosten die Verkehrswege? Was kostet die zerstörte Natur? Was machen wir mit dem Sondermüll auf vier Rädern, den wir Auto nennen? Was machen wir mit den Leuten, die wir gerade in einem Industrieunternehmen „freigesetzt" haben? Kurz, wir müssten, wenn wir schon global auftreten, an jeder Stelle die globalen Kosten mit in die Preisgestaltung hineinrechnen. Dann wäre es fair und ehrlich und wir hätten ein Gefüge, das so vernetzt ist, dass es der Wirklichkeit nahe kommt. So aber schneidet jede Firma wie ein chirurgisches Messer in die Welt hinein, in den Sozialkörper, in die Natur. Und das ist zerstörerisch. Wir stellen nützliche Dinge her, wir berechnen den Preis falsch – und am Ende ist alles unbezahlbar. Das ist die Dialektik des Kapitalismus heute.

Nun stellt sich ja auch die Frage, was diese neue Form des Kapitalismus – Turbo-Kapitalismus, Globalisierung – für das Zusammenleben der Menschen bedeutet und worin ihre zerstörerischen Auswirkungen bestehen. Die Stichworte, die ich nennen will, heißen: Konkurrenzkampf, Entsolidarisierung, Leistungsdruck, Vereinzelung.

Man reduziert die Menschen auf der einen Seite zu Konsumenten in einem gigantischen Produktionsprozess, der natürlich seine Absatzmärkte braucht. Man hat einen Konsumrausch, der die einzelnen Menschen sogar stark verschuldet. Vieles wird auf Pump gekauft. Dann kommen wieder die Banken und konfiszieren alles, was man glaubte, sich aufgebaut zu haben. Angesichts dieses Systems fühlen sich die einzelnen Menschen in aller Regel ohnmächtig und hilflos. Sie spüren ganz deutlich, dass es nicht mehr um gewachsene Bindungen geht, sondern um Konzerne, um Holdings, um Banken, um Wirtschaftsverflechtungen, die international auf vielen Ebenen fungieren. Es kommt mit hinzu, dass wir vieles produzieren, das überhaupt keinen Sinn hat. Die militärische Rüstungsindustrie zum Beispiel hat einen ungeheuren Bedarf an Kapital, das aber keinem Menschen wirklich nützt. Ich glaube, jeder begreift, dass wir Verantwortung falsch herum definieren. Wir richten einen Flächenbrand des Elends an. Und wenn dann Sozialstrukturen kollabieren, wenn Hunger und Elend Menschen aggressiv machen, wenn ganze Teile von Kontinenten unregierbar werden, dann fühlen wir uns berufen, wie die Feuerwehr zu kommen und militärisch einzugreifen zum Schutz von Minderheiten. In Wirklichkeit dehnen wir dabei wieder nur unsere Machtstrukturen aus.

Wir bringen heute den Kindern bei, dass Konkurrenzdenken den Standort Deutschland sichert. Leistungsvergleich, abfragbare Kenntnisse, Stoppuhrunterschiede beim 100- oder 200-Meter-Lauf –: Immer wird gelernt im Konkurrenzvergleich. Menschlichkeit lässt sich auf diese Weise in keinem Punkte herstellen. Das Allerschlimmste scheint mir zu sein, dass vor allem konservative Kreise darüber wehklagen, wie doch die Kinder aggressiv sind in den Schulen, wie sie gewalttätig werden, wie sie an keine Werte glauben. Dann werden die Kirchen gemahnt, sie müssten jetzt irgendetwas verkünden. Da klagen gerade die konservativen Kreise, die diese kapitalistische Wirtschaftsform mit aller Macht unterstützen und jeden, der dagegen spricht, zum „Bedenkenträger" und im Grunde als Verantwortungslosen im Hinblick auf den Standort Deutschland stempeln; doch diese Kreise sind es, die nicht begreifen, dass gerade ihr eigenes Wirtschaftssystem jeden Wert zerstört. Wir haben die Welt zum Ausverkauf gegeben. Derjenige, der heute viel Geld hat, kann sich jeden beliebigen Berg kaufen, wenn da Gold oder Bauxit drin steckt, jeden Urwald, wenn er da Landepisten für die Tourismusindustrie aufmachen will, jeden Streifen Meer, wenn er da Bungalows und Hotels errichten will. Wenn er Geld hat, gehört ihm die Welt. Wir verhandeln inzwischen über die Rückseite des Mondes, stand vor kurzem in der Zeitung. Alles ist käuflich. Das Weltall zum Ausverkauf! Das ist Kapitalismus. Und Wert hat überhaupt nichts mehr, außer man definiert es durch den Gewinn, den man machen könnte, wenn man etwas gekauft hat, um es wieder zu verkaufen. Die Dinge selber haben überhaupt keinen Wert, sie dienen lediglich der Funktion, mit viel Geld noch viel mehr Geld zu machen. Wenn Kinder erst einmal begriffen haben, dass es keinen Wert gibt, an den die Erwachsenen wirklich glauben, außer an das tote

Material, das man Geld nennt und das nur ein Tauschmittel auf dem Markt ist, dann zerstört man alle Werte, statt sie zu begründen.

Vor einigen Jahren zum Beispiel konnte ein brasilianischer Multimillionär für lausige 10 Millionen Dollar ein Gebiet im Amazonas-Urwald von der Größe der Niederlande und Belgiens kaufen. Und was Herr Do Almeiola jetzt mit seinem Urwald macht, ist im Grunde egal. Er kann machen, was er will. Ob da Tiere leben, Pflanzen wachsen, Indios wohnen – alles gehört ihm! Das ist die Welt, in der wir leben. Welch ein Kind soll noch glauben, dass ein Äffchen, dass eine Liane, dass ein Fluss, dass ein Mensch an und für sich etwas wert ist! Der Zoologe Bernhard Grzimek hat vor vielen Jahren zum Ärger vieler Fernsehzuschauer, aber zu meiner großen Freude gesagt: Wir machen einen Vergleich. Wir nehmen einmal an, es käme jemand auf die Idee, eine Autobahn mitten durch den Vatikan zu legen, dann würde die UNESCO sofort protestieren gegen diesen kulturellen Frevel. Oder eine Straße durch den Circus Maximus zu legen! Das wäre eine Schande für ganz Italien. Dabei gibt es den Vatikan erst seit ungefähr 450 Jahren in dieser Form, den Circus Maximus erst seit 2000 Jahren – und der war nichts als ein Ort des Schreckens. Ob er erhaltenswert ist, kann man diskutieren. Der brasilianische Regenwald hingegen existiert seit über 60 Millionen Jahren, seit der Kreidezeit. Gott, wenn man an ihn als Schöpfer glaubt, hat diesen gigantischen Zeitraum benötigt, um dieses Kunstwerk höchstverschachtelter Lebensformen, ein Biotop von unvergleichlichem Reichtum, zu etablieren. Wir geben all das zum Ausverkauf hin, indem wir ganze 50 oder 60 Jahre brauchen, um mit der Bandsäge und durch Flammenrodung all das zu zerstören. Was gibt uns das Recht dazu? Kapitalismus bedeutet aber, genau so vorzugehen. Es gibt keinen Wert, außer wir definieren ihn als ein Verkaufsobjekt, das wir auf dem Markt noch höher anbieten und verhökern können als wir es eingekauft haben. Diese Welt zum

Ausverkauf zeigt, dass der Kapitalismus einen zentralen Fehler begeht, denn so darf man nicht handeln, wenn man leben will.

Und doch spürt jeder Mensch, selbst wenn er es sich nicht rational klar macht, dass es mehr an Wert geben muss als was sich in Mark und Pfennig auf dem Markt realisieren lässt.

Ja, das ist so. Ein kostbares, kaum bezahlbares Gut wäre es zum Beispiel, Ruhe und Zeit zu haben. Dass Zeit Geld ist, ist eigentlich das Credo aller Kapitalisten. Es kann seit den Tagen des Henry Taylor gar nicht schnell genug gehen, und alles muss permanent expandieren, alles muss immer größer werden. Wir haben keine Debatte im Bundestag, in der nicht diskutiert wird über Wirtschaftswachstum: 1,5 Prozent ist essentiell, 2,5 Prozent sind lebensrettend, sonst kommt dieses System nicht zurande. Der Kapitalismus *muss* äußerst aggressiv und expansiv sein. Er kommt nicht aus ohne dauernde Steigerungsraten. Wenn wir aber ein System so definieren, dass es nur leben kann und existenzfähig ist durch permanente Ausdehnung, dann sehen wir, dass es zerstörerisch ist. Wir brauchen es nur auf die Biologie zu übertragen: Ein Zellverband in unserem Magen, der nur lebt, indem er sich ausdehnt, ist ein Krebs. Und der ist todesgefährlich für den gesamten Organismus.

Unser vielgepriesenes kapitalistisches Wirtschaftssystem ist ein einziger Krebsschaden für die Menschen, für die Natur und für alles, was irgend leben will. Es ist der lebendige Tod. Oder dieses System kommt endlich dahin, dass es begreift, global denken zu müssen und global Verantwortung zu tragen. Dann wird man entdecken, dass die Welt begrenzt ist und dass man nicht unbegrenzt so weitermachen kann. Irgendwann könnten wir dann wieder in Ruhe durch diese Welt gehen und merken, was ein Baum wert ist, was saubere

Atemluft wert ist, was es bedeutet, Zeit zu haben. Man betrügt ja die Menschen um ihr Leben. Man erklärt ihnen: Altersvorsorge ist ein überaus wichtiges Thema. Was wirst du machen, wenn du 65 bist? Dann, mit 65, hast du es natürlich verdient, dass irgendein Touristikunternehmen dich in die Karibik schickt oder nach Hawaii oder dich auf einer Maya-Pyramide herumklettern lässt! Nachdem du nie gelernt hast, was es bedeutet, glücklich zu sein, hast du mit 65 die Erlaubnis, frei zu werden. Bis dahin war dein ganzes Leben ein Zwang, eine permanente Unterdrückung. Aber plötzlich kannst du aufwachen und endlich so leben, wie du schon immer wolltest. Jeder begreift, dass das so nicht funktionieren kann. Man kann nicht jahrelang nur auf dem Stuhl sitzen und dann bei Hertha BSC Fußball spielen wollen. Man kann nicht plötzlich mit 65 glücklich werden, wenn man nie gelernt hat, was das ist –: glücklich sein. Man kann nicht plötzlich im Alter weise werden, wenn man auf eine so verrückte Art gezwungen war zu leben.

Im Bilde gesprochen: Der Kapitalismus macht aus unserer Lebensplanung so etwas wie das Windhundrennen, bei dem die Hunde hinter einem elektrischen Hasen herrennen. Man will überhaupt nicht, dass der Windhund den elektrischen Hasen bekommt, denn wenn er ihn hätte, spürte er nur, dass er Blech und Draht in seiner Schnauze hat. Was man will, ist der Wettlauf, die Wetten und die Prämien, die man für den schnellsten Hund bekommt. Und man verlustiert sich daran, dass die Menschen sich aufreiben auf der Piste. Das ist der Genuss, den man davon hat. Und am Ende die Alterssicherung! Ich kenne viele Menschen, die genau in dem Zeitraum, wo sie dachten, nun kommen sie zur Ruhe, erleben mussten, was ein Herzinfarkt ist. Der plötzliche Stillstand ist ja überhaupt nicht vorbereitet. Es ist, als wenn einem rasenden Auto durch Aufprall plötzlich Stillstand befohlen würde, statt durch ein langsames, weises Ausrollen zur Ruhe zu kommen. Mit anderen Worten: Man kann das Alter eigentlich nur lernen in der Jugend, indem man richtig lebt. Und das bedeutet: zu jedem Zeitpunkt!

Und wenn ich nun den Theologen Eugen Drewermann frage: Was sagt uns die Bibel zu unserem Thema? Wie soll der Mensch leben und worin liegt der wahre Wert?

Es ist mir unglaublich, dass wir im Abendland, das sich christlich nennt, die Bergpredigt so weit ignorieren, dass wir sie allenfalls für Nonnen und für Mönche in irgendwelchen Hinterwinkeln der Gesellschaft für praktikabel halten. In Wahrheit sind das doch Lehren, die darüber entscheiden, wie man glücklich wird. Jesus kann zum Beispiel sagen: Sorgt euch nicht um den morgigen Tag! Einen deutlicheren Widerspruch zur dauernden Rentendiskussion und Alterssicherung kann ich mir nicht vorstellen. Jesus meint, du kannst nur lernen, was Leben ist, indem du heute lebst! Jeder Tag ist schwer genug, aber koste ihn aus, lebe ihn richtig! Und nur durch die Summe des richtigen Lebens formt sich auch im Alter die Antwort. Es gibt keine Sicherheit, nicht gegen den Tod, nicht gegen irgendein Unglück. Es ist ein Unfug, mit Geld irgendetwas absichern zu wollen. Der einzige Schutz, den ein Mensch hat, liegt darin, richtig zu leben in einem Vertrauen, das ihm Freiheit gibt, auf den anderen Menschen zuzugehen. Und dann bekommt der Mann aus Nazareth es fertig, zu Lumpenträgern und Barfußgehern, zu Menschen, von denen Matthäus sagt, dass sie übel dran sind, zu genau denen in der Bergpredigt zu sagen: „Ihr bewundert König Salomo. Er war steinreich. Er hatte 1000 Frauen oder wie viele. Er hatte Pferde, er hatte Paläste, er hatte Macht. Und er gilt als groß. Aber schaut euch nur um! Jede Lilie, jede Blume, jeder Vogel, jeder Schmetterling ist unendlich viel schöner als König Salomo in all seiner Pracht. Und jetzt schaut euch an: dass es euch gibt! Ihr mögt nichts haben, aber ihr seid Menschen – und das ist etwas Wunderbares."

3.
DIE POESIE DER WIRKLICHKEIT ENTDECKEN

Frau Holle
oder
Warum Erwachsene Märchen brauchen

Herr Drewermann, Kinder lesen Märchen, Kinder bekommen Märchen vorgelesen, Kinder brauchen Märchen. Warum denn brauchen Erwachsene Märchen?

Ich wüsste zumindest drei gute Gründe für den Anfang. Das erste: Wir leben in einer Zeit, in der wir uns auf den kommenden Krieg der Kulturen vorbereiten wie eine Normalität. Märchen indessen sind völkerverbindend. Überall – entlang den Karawansereien der Seidenstraße, auf den arabischen Basars, im Schatten der Pyramiden von Mexiko – erzählen Menschen Märchen. Und sie tun das wahrscheinlich seit über 50 000 Jahren. Noch bevor die Kulturdifferenzierung auf der Stufe des Homo sapiens überhaupt begonnen hatte, gab es schon Märchen. Jeder versteht sie.

Der zweite Grund: Märchen erlauben uns, die so genannte Erwachsenenrealität zu durchbrechen. Was ist die Realität oder die Normalität, die in Börsenspekulationen oder in abgeworfenen Bomben Ruhmestaten erblickt? Die Märchen eröffnen Freiräume, uns daran zu erinnern, was wir einmal waren, als wir noch wie Kinder fühlen und träumen und uns sehnen konnten. Erich Kästner hat einmal gesagt: Wer, wenn er erwachsen wird, aufhört, das Kind zu bleiben, das er einmal war, hört auf ein Mensch zu sein. Märchen sind eine solche Stätte, wo Erlaubnisräume sich öffnen, um wieder Mensch werden zu können und von dem zu sprechen, was wirklich wichtig ist. Wenn Märchen von Gold reden, meinen sie innere Reichtümer. Wenn sie von Königen reden, meinen sie Könige des Herzens. Das, was draußen in der Welt ernst genommen wird, wird aufgelöst, indem es zu einem poetischen Bild wird.

Zum dritten können uns die Märchen mit der Natur draußen verbinden. Sie wissen, dass Blumen, dass Tiere reden können, dass sie eigene Daseinsmächte sind, dass wir Menschen nicht die Herren der Schöpfung sind. An ein Märchen zu glauben, bedeutet, die Welt völlig anders zu sehen.

Wie kommt es, dass Kinder offenbar kaum Probleme haben, ein Märchen zu verstehen, es so zu lesen wie der Märchenerzähler, der Autor des Märchens, es meinte, während Erwachsene sich damit oft schwer tun?

Wir haben im Rahmen unserer Kultur ein Schulsystem, das darauf gründet, den Kindern die eigenen Gefühle zunehmend zu entfremden. Wir leben in einer Zeit, in der man schätzt, dass sich alle fünf Jahre unser Wissen über die äußere Natur verdoppelt. Und wir sind technisch imstande, in diesem ungeheuren Umschlagstempo die Natur zu nutzen und durch Herrschaftswissen auszubeuten. Insofern brauchen wir eine Erziehung von Kindern, die immer weniger Wert darauf legt, dass sie noch eine eigene Sprache haben. Vor zweihundert Jahren konnte Goethe sagen: „Man richtet in der Wirklichkeit nichts aus ohne Poesie." Und er fügte 1822 an den Justizminister in Weimar hinzu: „Poesie aber ist Märchen." Wir Menschen werden krank, wenn wir diese poetischen Schichten unserer Seele nicht mehr zulassen, und wir verhunzen unsere Realität ohne diese Träume.

Wir wollen uns ein Märchen etwas näher anschauen: „Frau Holle". In Deutschland waren es ja die Brüder Grimm, die die Märchen gesammelt haben und in dem Buch „Kinder- und Hausmärchen" veröffentlichten. In „Frau Holle" heißt der erste Satz: „Eine Witwe hatte zwei Töchter, davon war die eine schön und fleißig, die andere hässlich und faul." In die-

sem Märchen ist es nun so: Die kluge, fleißige und tugend-
hafte Tochter muss ein schlimmes Leben führen. Sie wird, im
wahrsten Sinne des Wortes, immerzu stiefmütterlich behan-
delt und erleidet alle Nachteile in ihrem Leben. Die Faule, die
Hässliche, die Tochter ohne Tugenden, der hingegen scheint
es gut zu gehen und sie kann sich des Lebens erfreuen.

Das Märchen der Frau Holle erfüllt das, was man über die
Brüder Grimm gemeinhin denkt, aber in aller Regel nicht
stimmt, dass sie Sammler alten Traditionsgutes gewesen sind.
Schon der Titel „Frau Holle" verrät uns den Hintergrund der
germanischen Mythologie- und Religionsgeschichte. Frau
Hulda – Frau Holle – ist die Göttin, die auf den Thingplätzen
der Germanen Gerechtigkeit schuf. Aber damit geht es jetzt
los. Die Geschichte der Frau Holle tut etwas, das wir Märchen in aller Regel kaum zutrauen. Es greift eine Frage auf,
die jeder hat, wenn er sich bemüht, einigermaßen seinem Inneren zu folgen und sich in gewisser Weise wenigstens dafür
engagiert, das Gute auf dieser Welt ein bisschen zu vermehren. Es ist eine Frage der Menschheit, seit sie über sich selber nachdenkt: Warum geht es dem Guten schlecht und dem
Schlechten gut auf Erden? Das fragt in der Bibel der leidende
Hiob; das fragt das erste Stück, das wir in schriftlicher Literaturform aus dem antiken Ägypten aufbewahrt haben, das
Gespräch des Lebensmüden mit seiner Seele. „Wer heute
lacht", steht da, „muss ein böser Mensch sein. Mit wem
könnte ich heute sprechen?" Das ist eine Frage, aus dem ersten Zwischenreich, nach dem Zusammenbruch des alten
Reiches um 2000 vor Christus. Wie bringt man eine Welt in
Ordnung, in der sich offensichtlich zeigt, dass das Gute dafür bestraft wird, dass es die Tricks, sich durchzusetzen und
sich mit der Frau Welt gemein zu machen, partout nicht lernen will? Wie hält man sich durch als ein Wesen, das sich
nicht korrumpieren lassen möchte? Unser Märchen stellt
diese Fragen ganz wesentlich. Man könnte ja denken, die

normale Antwort ist die, die uns die Politiker geben und die Max Weber am Anfang dieses Jahrhunderts formuliert hat: Man kann nicht erwarten, dass das Gute nur gute Wirkungen hat oder das Böse nur schlechte Wirkungen. Politik ist die Kunst des Möglichen, man muss nur die richtige Mischung finden. Die Welt ist weder schwarz noch weiß, sondern dazwischen muss man die Farbwerte so abstimmen, dass sie als Tarnfarbe oder als Täuschungsfarbe tauglich werden im Überlebenskampf.

Das Märchen von Frau Holle will Menschen so einander zuordnen wie Hell und Dunkel, wie Tag und Nacht. Und darum sind die zwei Töchter voneinander getrennt wie Sonne und Mond. Schaut man sich die Geschichte genauer an, wird man merken, dass im Grunde erzählt wird, wie die Sonne zur Sonne wurde und der Mond zum Mond. Berichtet wird ja, dass eine Reihe von Arbeiten zu leisten sind. Die Schöne, Goldmarie heißt sie bei Bechstein, soll immerzu am Brunnen spinnen gehen, auf offener Straße. Übersetzt man das in die Natur, als sie noch zum Menschen redete, sieht man vor sich das Band der Milchstraße. Da etwa muss man sich vorstellen, dass am Brunnen des Westmeeres jede Nacht die Sonne wie eine rotglühende Kugel hinabsinkt in die Tiefe, so wie blutig gefärbt die Spindel der Goldmarie in den Brunnen fällt. Und völlig verzweifelt taucht sie dieser Spindel nach. Sie geht einen langen Weg und wird dadurch zu dem, was sie heute ist, zu der glühenden Sonne, die am Himmel steht. Wir haben es zu tun mit einer Geschichte, die die Einrichtung der Welt auf dem Hintergrund einer Frage begründet, die jeder Mensch sich stellen muss. Die Antwort des Märchens ist: Wenn du siehst, wie die Sonne im Westen untergeht, das liebste Gestirn, von dem alles Licht, alles Leuchten, Wärme und Leben ausgeht, vergiss nicht, dass die Sonne wiederkommt. Begleite sie durch die zwölf Stunden der Nacht bis zu ihrem Wiederaufgang. Sie wird verjüngt wiederkommen. Das ist schon das Bild der alten Ägypter.

Die Tatsache, dass es in diesem Märchen der Guten schlecht ergeht und der Schlechten gut, das ist ja doch, denke ich mir, ein Indiz dafür, dass Märchen tatsächlich einen großen Wirklichkeitsbezug haben.

Indem sie das, was wir die Wirklichkeit nennen, hinterfragen! Es wäre der Goldmarie so leicht möglich zu sagen: Wenn wir nicht durchkommen auf Erden, indem wir nichts weiter wollen als Güte und gut sein, dann muss man halt irgendwelche Kompromisse schließen. Das aber tut die Goldmarie nicht. Sie stirbt gewissermaßen der oberflächlichen Welt ab. Sie verlässt die Welt, wie wir sie kennen, die so genannte Realität, von der die Zeitungen Zeugnis geben, im Nachrichtenteil wie im Kommentarteil. Erwachsen werden heißt, so lehren sie, Verantwortung zu übernehmen, indem man sich den schnödesten Pragmatismus zu eigen macht. Diese Welt verlässt die Goldmarie. Sie lernt unten auf einer Wiese die Welt noch einmal völlig neu. Das Wort, mit dem das geschieht, heißt im Grimmschen Märchen: *Da wachte sie auf.* Das ist eine ungeheure Vokabel, die in einer Menschheitsreligion eine große Rolle spielt, im Buddhismus nämlich. Aufwachen ist so viel wie im Christentum eine Offenbarung erfahren. Man schlägt die Augen auf, und man sieht dieselbe Welt vollkommen anders. Es hat sich äußerlich gar nichts geändert. Aber plötzlich erlebt die Goldmarie diese so bittere, ungerechte Welt wie ein paradiesisches Nachbild.

Die Frage ist, worin besteht denn ihr Erwachen? Die Goldmarie fängt an, die Dinge in ihrer Bedürftigkeit reden zu hören. Da ist ein Backofen, der geleert werden will. Da ist ein Apfelbaum, der geschüttelt werden will. Und da wartet Frau Holle darauf, dass ihr die Federn im Bett aufgeschüttelt werden. Wenn man dies, auf der Ebene der Naturmythologie, genauer betrachtet, hat man es mit den Jahreszeiten zu tun: mit der Gluthitze des Sommers, mit der herbstlichen Reifezeit, wenn die Äpfel am Baum geerntet werden, und mit dem

Winter. Denn sobald die Federn der Frau Holle aufgeschüttelt werden, schneit es auf Erden, sagt das Märchen. Es ist die Sonne also, die die Jahreszeiten prompt erfüllt, indem sie ihren Dienst verrichtet. Aber das entscheidende Motiv jetzt für einen Menschen, der es lernt, in sich selber zu ruhen, aufzuwachen und die Welt so zu sehen, wie sie erscheinen könnte, wenn sie ein Kindheitsparadies wäre, das ist: Man lässt sich nicht beirren! Es war eine Täuschung zu denken, dass das Gute äußerlich belohnt würde. Das einzige Motiv, etwas zu tun, liegt darin zu schauen, was die Dinge brauchen. Da ist ein Tier in seiner Not, und man kann ihm helfen. Da ist ein Kind, das weint, und man kann ihm helfen. Da gilt es nur zu schauen, was Menschen brauchen, und darauf zu antworten mit Mitleid, und das macht den Guten wirklich gut. Und er wird erleben, dass es seinen Wert in sich selber hat. Man geht hervor am Morgen wie die Sonne, wenn sie wieder aufersteht nach dem Dunkel der Nacht – goldwert unterm Torbogen der Frau Holle. Das ist das Versprechen dieses wunderbaren Märchens.

Um noch bei „Frau Holle" zu bleiben –: Die Schwester der Goldmarie ist die Pechmarie, und sie versucht, das Gute ihrer Schwester zu imitieren, um auch belohnt zu werden, um selber am Ende das Gold zu empfangen. Aber es misslingt . . .

Insofern geht das Frau-Holle-Märchen antithetisch aus. Auf die Frage, was ist denn das Böse, lassen sich bestimmt viele Antworten finden, womöglich tiefere als speziell jetzt die Frau-Holle-Geschichte. Aber die Antwort, die dieses Märchen gibt, ist nicht zu verachten. Es meint nämlich, das Böse entsteht gar nicht dadurch, dass die Menschen böse sein wollen, sondern dass sie belobigt werden wollen, im Grunde gratis, ohne etwas zu tun. Sie leben geliehenermaßen; sie imitieren, statt selber zu sein. Sie führen Bewegungen auf, die sie von anderen entlehnen in der Hoffnung, dass es dann gut würde.

Aber in Wahrheit leben sie statt von innen ständig nur von anderen her. Und das verwirrt und führt immer weiter weg von sich selber. Die Geschichte der Pechmarie ist im Grunde eine Theatralik der inneren Unstimmigkeit. Wie tief dieses Motiv ist, hat im 20. Jahrhundert kein Geringerer als Walter Benjamin erkannt. Er hat den Nationalsozialismus als die Operette auf der Bühne der Politik bezeichnet, eine Theaterwirklichkeit, ein ästhetisches Phänomen an einer Stelle, wo Verantwortung notwendig wäre. Wenn man den Ernst des Daseins, die Frage nach der wirklichen Identität zum Possen macht, entsteht die Pechmarie. Das Böse, wenn man so will, ist die Talmischönheit anstelle von wirklichem Gold, ist geliehenes Leben anstelle der Wirklichkeit, es ist ein Leben, das sich nach draußen wendet, um etwas zu scheinen, das niemals wirklich wird. Das kann den Menschen im schlimmsten Sinne böse machen. Und das bestraft sich selber, will das Märchen der Frau Holle sagen.

Viele Märchen haben einen ganz anderen Charakter als „Frau Holle", das Märchen, das wir jetzt so intensiv betrachtet haben. Ich nenne mal drei Beispiele: Dornröschen, Rapunzel, Aschenputtel; das sind Märchen, in denen am Ende zwei Menschen ihr Glück finden. Und es heißt dann in der Regel: „Und sie lebten glücklich bis an das Ende ihrer Tage", oder: „Wenn sie nicht gestorben sind, dann leben sie noch heute." Also, in diesen Märchen ist es so, dass zwei Menschen, ein Mann und eine Frau, nach langen Irrungen und Wirrungen, nach schlimmen Erlebnissen und großen Hindernissen, die sie überwinden müssen, am Ende zueinander finden.

Die Märchen sind tatsächlich ein Ort, wo man über die Liebe reden kann, so dass sie nicht verletzt wird. Wann immer man die Theater besucht oder die Romane der Weltliteratur aufschlägt, wird man belehrt werden, dass Menschen, die es wagen zu lieben, fast zum Untergang verurteilt sind. Selbst bei Goethe –: sie sterben alle. *Stella* etwa sollte ursprünglich glücklich werden, eine orientalische Lösung: Zwischen zwei Frauen sollte ein Mann sich nicht entscheiden müssen, sondern Gemeinsamkeit fühlen dürfen. Dreißig Jahre später hat Goethe das umgedichtet, sie nehmen sich beide selbst das Leben. Es ist bis in die Literatur des 20. Jahrhunderts die Liebe etwas Tragisch-Gefährliches, fast eine Schuld, die man auf sich lädt, wenn man dieser Lyrik der Seele, dieser Poesie der Psyche wirklich Folge leisten will. Es gibt nichts Wichtigeres im Leben, als die Liebe zu lernen. Goethes Werther sagt einmal sinngemäß: „Du musst ‚menschlich' lieben! Das bedeutet, du musst die Zeit einteilen für die Arbeit und dann schenk deinem Mädchen! Du musst dein Geld einteilen und jenseits deiner Lebensnotdurft mach' ihm Geschenke! Ich verspreche dir, so einen Kerl könnte man für jeden Ministerposten empfehlen, aber er würde aufhören ein Liebender zu sein. Und wenn er je ein Dichter war, wird er aufhören ein Dichter zu sein."

Das ist schon vor mehr als zweihundert Jahren geschrieben. Die Märchen möchten, dass die Seele Flügel bekommt und dass wir die Liebe wagen. Allerdings wissen die Märchen von den großen Gefährdungen, die der Liebe am Wegesrand begegnen. Wie weiß ein Mensch, wer er selber ist? Woher gewinnt er die Kraft, sich selber durchzuhalten? Außer er hat tatsächlich etwas als Gegenüber, das ihn dabei trägt, so etwas wie die Frau Holle im Hintergrund, einen Menschen, den er sucht in jeder Liebe. Bei Aschenputtel ist das ganz deutlich die verstorbene Mutter. Bei Rapunzel ist es die Mutter, die sich in eine Hexe verwandelt hat. Bei Dornröschen ist es wie ein Fluch, dass hier ein Mädchen vor der Liebe so viel Angst bekommt, dass die ersten Erfahrungen mit 12, 13 Jahren ihre Seele erstarren lassen können. Sogar das Feuer hört auf zu brennen, es erstarrt. Und das Pferd im Stall erstarrt. Wie ist es möglich, gegen die Angst, die sogar die Liebe schaffen kann im Kontext einer bestimmten Moral, die verbietet, die dirigiert, die zensiert, die Gefühle niederdrückt, den anderen frei zu küssen?

Märchen sind ein Ort, wo Psychotherapie gewissermaßen zu einem glücklichen Leben reifen kann. Darum sind sie sehr gut verwendbar in der Psychotherapie, indem man sie als Hilfsmittel einsetzt, um sich in bestimmten Gestalten noch einmal nach zu erleben. Und immer ist es, dass die Liebe selber, wenn sie denn Tritt fasst, märchenhaften Charakter hat. Ich glaube, jeder kann sich erinnern, wie er mit 17 oder 18 verliebt war und seiner Geliebten oder seinem Geliebten Gedichte geschrieben hat, Texte geschrieben hat, ganz wie die Märchen. Da fangen die Tiere an zu reden. Da ist eine Taube am Himmel ein Sendbote. Da wirft man die Wünsche für den anderen in die Wolken und lässt sie mit dem Winde treiben. Da hört man im Rauschen der Blätter und im Murmeln der Bäche die Stimme des anderen. Die ganze Welt wird eine magische Landkarte, in deren Mittelpunkt der Baum des Lebens steht. Und alle Wege führen magnetisch da hin. Dann gilt es, eine Jenseitswelt zu erlösen. Die ist wie unter einem Fluch liegend. Und man entdeckt wieder, dass es nur die Kraft der Liebe ist, die einem Menschen Mut macht, an sich selber zu glauben und den Bann fremder Ängste abzuschütteln.

Und wäre insofern gerade das, was Sie jetzt am Schluss gesagt haben, die ganz besondere Botschaft der Märchen an die Erwachsenen?

Die Botschaft der Märchen an die Erwachsenen ist unbedingt: Ihr könnt nicht erwachsen sein, außer ihr erinnert euch an die Zeit, wo ihr Kinder wart – und oft kaum Kinder sein durftet. Wie häufig haben wir Frauen vor uns, die man dahin erzogen hat, gar nie Mädchen zu sein, sondern sie mussten ganz schnell Frauen werden. Und noch ehe sie Frauen sein durften, mussten sie Mütter werden. Immer ging das Leben über sie hinweg wie ein Walzwerk. Die Märchen möchten uns erinnern an die Nöte, an die Ängste, an die Schuldgefühle, an die unabgegoltenen Träume, die wir einmal hatten. Es ist nicht möglich, dass ein Mann eine Frau oder umgekehrt lieb gewinnt, ohne dass all das aus Kindertagen noch einmal ins Bewusstsein dringt und drängt. Man erlebt dieselben Hoffnungen, dieselben Ängste auch, dieselben Gefühle der Seligkeit. Man kann nur Leben weiterschenken, wenn man das, was in einem selber lebt, komplettiert im anderen. Dafür ist die Liebe da. Und darum sprechen die Märchen ständig so, dass sie noch einmal zurückführen in das Land des Unbewussten, in dieses verwunschene Jenseitsgebiet. Und dann gilt es, sich nicht zu verschlafen, sondern zurückzukehren. Die Wirklichkeit draußen wird nicht geleugnet, aber man sieht sie neu. Und man hat eine Kraft, sie endlich zu verändern, statt an sie zu glauben wie an eine Ersatzreligion. Wenn man erst einmal spürt, was Menschen sein könnten, bleibt die Unmenschlichkeit der so genannten Normalität nicht länger normal.

Sie haben gerade auch den Begriff des Unbewussten gebraucht. Könnte es sein, dass die Märchen, die Sie in den Zusammenhang der Poesie und der Träume gerückt haben, indem ich sie lese auf mich eine therapeutische Wirkung haben?

Unbedingt. Die Märchen sind in gewisser Weise absichtslos. Sie folgen der eigenen Phantasie. Sie sind schon ihrer Erzählarchitektur nach das, was wir in der Psychoanalyse nennen würden die freie Assoziation. Es folgt die Seele möglichst ohne Zwang sich selber und entdeckt sich dabei neu. Und dass solch ein Erlaubnisraum sein darf, macht die Märchen zu einem Instrument auch der Selbstbegegnung und der Fremderfahrung der psychotherapeutischen Bewahrheitung des eigenen Lebens. Ein Mann wie Reinhold Schneider, der in den fünfziger Jahren sehr gelitten hat – die Aufrüstung Deutschlands begann wieder nach den Schrecken des Zweiten Weltkriegs – und der von der Kirche an den Rand gedrängt worden war, schreibt einmal: „Es sind die Märchen die einzige Sprache der Gnade." Das liegt nicht daran, dass die Märchen besonders fromm sind. Sie sind in vielem sogar gruselig. Sie sind in vielem gar nicht immer nur auf Seiten der Wahrheit und des Guten. Sie kennen alle möglichen Tricks, um am Ende doch durchzukommen. Aber sie eröffnen Erlebnisräume und gehen davon aus, dass Menschen erst einmal so sind, wie sie sind. Sie träumen sich gewissermaßen unter einem wohlwollenden Bezugshintergrund des Angenommenseins. Es darf erst einmal alles sein – an Not und Angst, auch an Hass und Zorn, auch an Rachephantasien, damit sich das alles am Ende integriert und vermenschlicht. Wo anders als in der Literaturform der Märchen gäbe es etwas Vergleichbares!

Wie könnten Erwachsene dazu gebracht werden, dass sie sagen: Ich werde mir wieder das Märchenbuch der Brüder Grimm nehmen. Ich werde abends darin lesen. Ich werde meiner Frau, meiner Geliebten, meiner Partnerin am Abend ein Märchen vorlesen?

Es wäre wunderbar, miteinander über Märchen ins Gespräch zu kommen. Denn Märchen in ihrer schwebenden Symbolik erlauben, sich selber zur Sprache zu bringen, ohne sich bloßzustellen. Man darf mitteilen, wo das Märchen in seiner Märchensprache einen selber berührt. Man muss sich nicht aus dem Gebüsch des Unbewussten, der verborgenen Biographie, bis ins Peinliche herausgezogen fühlen. Man darf so versteckt und verhüllt reden, wie es nötig ist, aber auch sich selber offenbaren. Schon dadurch sind Märchen ideale Ausgangsformen, um sich auszutauschen. Und dann muss man wissen, dass man Märchen nur so ernst erzählen darf, wie Scheherazade in *Alf Laila wa Laila* die Geschichten in Tausendundeiner Nacht erzählt: Wenn das Märchen nicht gut ist, wenn die Erzählerin selber nicht an das glaubt, was sie sagt, wenn der Sultan sich langweilt, droht sie am anderen Morgen hingerichtet zu werden. Sie erreicht mit ihren Märchen, dass ein Frauenhasser am Ende ein Liebender wird. Und das geschieht in den Märchen, wenn man an sie glaubt. Sie sind Geschichten auf Leben und Tod. Sie sind in gewissem Sinne revolutionär, fast anarchistisch, so wie alle wirkliche Poesie, einfach weil sie menschlich ist.

In einem Ihrer Bücher berichten Sie von einer Frau, die zu Ihnen kommt und sagt: „Ich ging spazieren und sah am Rande des Weges Schneeglöckchen stehen, die sahen so traurig aus."

Die Frau hat das ihrem Mann sagen wollen. Und der Mann hat geantwortet, wie er vernünftigerweise antworten sollte nach seiner Auffassung. Er hat gesagt: „Die wachsen da." Das sollte für die Frau heißen: Was du jetzt wieder hast! Fängt das wieder an mit der Spinnerei? Schneeglöckchen sind Schneeglöckchen, die können nicht traurig sein. Trauer ist kein Wort der Biologie, der Botanik, werde vernünftig!

Diese Frau hat in der Märchensprache den letzten Versuch unternommen zu sagen, wie sie sich fühlt. Sie wollte sagen: „Ich könnte sein wie ein kleines Blümlein. Ich will ja gar nichts Großes. Nur, es beginnt doch der Frühling. Noch ist Schnee da drüber, und es ist so kalt wie erfrorene Tränen. Aber es könnte sich doch unterm Schnee etwas wagen. Dazu wäre ich berufen. Das könnte ich sein. Doch die Decke der Traurigkeit und der Kälte hat zu tun mit dir, meinem Mann. Du bist nur vernünftig, nur pragmatisch, kennst dich im Wirtschaftsleben aus. Aber ich bin allein und einsam und ich kann damit nicht leben."

Dieser Mann bestätigt den Vorwurf, der in der Poesie der Krankheit seiner Frau liegt, ohne es zu merken. Das ist die Tragödie von uns Erwachsenen, wenn wir glauben, wir könnten auf die Poesie, inklusive die der Märchen, einfach ohne Schaden Verzicht tun. Wir werden krank dabei – und wir machen krank.

Und das heißt, um auf unsere Eingangsfrage zurückzukommen, auf die Frage, warum denn Erwachsene – vielleicht sogar mehr als Kinder – Märchen brauchen, dass wir der Antwort sehr nahe gekommen sind.

Goethe hat Recht. Man kann die Welt nicht verändern, die Politik, indem man nur Politik macht. Man kann die Welt menschlich nicht verbessern, indem man im Wirtschaftsleben nur Wirtschaft macht. Wirklich verändern lässt sich in der Realität nur etwas durch die Poesie. Und dann muss man hinzufügen: Urform aller Poesie ist das Märchen. Es ist nicht möglich Dichter zu sein, ohne Märchen zu schreiben. Romane sind im Grunde entfaltete Formen von Märchenerzählungen. Aber dass ein Mensch sich selber kennen lernt unter den Augen eines anderen, der ihn anschaut, zugewandt, akzeptierend, liebend und gütig, das ist ein Märchen. Natürlich möchten Kinder das erleben in den Augen ihrer Mutter, ihres Vaters. Wir Erwachsene brauchen einen solchen Hintergrund, der uns erinnert, wie wir einmal als Kinder waren und wie wir uns entwerfen möchten in eine Welt, die unter solchen Augen lebt. Im Grunde steht die Botschaft der Märchen stets am Rande der Religion – und „Frau Holle" ist schon im Titel ein spätes Echo einer alten Religion.

Das Unbewusste
oder
Was uns die Träume sagen

Das Wort Traum scheint mir mehrdeutig zu sein. Wenn man zu jemandem sagt, du bist ein Träumer, dann meint man, du hast wenig Realitätsbewusstsein. Oder eine Frau kommt nach Hause, sie hat einen Bummel in der Stadt gemacht und in einem Modegeschäft ein Kleid gesehen, das ihr sehr gefallen hat. Und sie sagt zu ihrem Mann: Ich habe heute einen Traum von einem Kleid gesehen.

Wir leben mit den Träumen völlig widersprüchlich. Auf der einen Seite erklären wir Träume als das Irreale – „Träume sind Schäume". Jemand, der daran glauben würde, wäre ein Phantast. Andererseits haben wir in der Esoterik vielerlei Formen von Aberglauben, wo man Träume, statt sie symbolisch zu interpretieren und durchzuarbeiten, äußerlich als Offenbarung eines geheimen Wissens über Zukünftiges und Vergangenes versteht. Das ist die eine Seite. Die andere: Wir beuten die Träume aus, indem wir eine ganze Industrie heranlassen, die unbewussten Wünsche der Menschen ins Verführbare, in den Konsumbereich hineinzulocken. Wir haben den Missbrauch des Begriffs Traum, wenn zum Beispiel Ronald Reagan sagen konnte für sein Starwars-Programm: „I have a dream." Und er machte den Leuten klar, dass die Amerikaner viele hundert Milliarden Dollar würden ausgeben müssen, um phantastische Raketenprogramme im All zu starten. Der Wahn, dass man sicher sein könnte durch Hochrüstung! Wir reden vom Traum im Grunde immer dann, wenn wir eine Wirklichkeit entweder in den Albtraum hineinverformen aus lauter Angst oder wenn wir die Realität so stabilisieren, dass sie erschütterungsfrei gegenüber den wirklichen Bedürfnissen der Menschen werden soll. Wie aber lehrt man uns, mit Träumen so zu leben, dass wir im Alltag uns selber wiederfinden und dabei die Realität vermenschlichen? Das könnte die Botschaft der Träume sein.

Die Botschaft im Traum, das ist eine Erscheinung, die in der Bibel des öfteren vorkommt. Dem Theologen Drewermann will ich ein paar Zeilen vorlesen aus dem Buch Hiob. Dort heißt es: „Denn auf eine Weise redet Gott und auf eine zweite, man beachtet es nur nicht. Im Traum, im Nachtgesicht, wenn tiefer Schlaf auf die Menschen fällt, dann öffnet er der Menschen Ohr und schreckt sie auf und warnt sie."

Diese wunderbare Stelle enthält ein gewisses Paradox. Hiob nimmt den Traum sehr ernst und sieht darin einen Ort, wo Gott das Ohr des Menschen öffnet. Im Grunde wissen alle Menschheitsreligionen, dass der Traum diese Bedeutung haben kann. Er verbindet den Menschen mit dem Unbewussten und mit den ihn tragenden seelischen Kräften. Die haben in sich selber tiefe religiöse Bedeutung. Aber eben deswegen hat die Bibel versucht, den Menschen herauszulösen aus dieser Welt, und sie wollte die Offenbarung ins Geschichtliche hineinbringen. Wenn die Bibel von Träumen erzählt, geschieht es fast immer außerhalb des eigentlichen biblischen Bodens. Der ägyptische Josef träumt, aber schon sein Name sagt, dass er am Rande des hebräischen Glaubens steht. Sein Vater Jakob träumt, aber das geschieht in Bethel. Man nimmt uralte Lokaltraditionen auf. Dass die Bibel den Mut hat, das zu tun, ist groß zu rühmen, aber wir haben im so genannten christlichen Abendland mehr die Abwehr der Träume, als den Gehorsam gegenüber den Träumen gelehrt bekommen. Im Christentum haben die Träume bis heute keine wirksame Rolle gespielt. Wir haben alle möglichen Erscheinungen, Privatoffenbarungen, aber wir haben keine Kultur, wie sie Jahrhunderte vor dem Christentum bestanden hat, als man im alten Griechenland im Kult des Heilgottes Asklepios die Menschen förmlich einlud, den Heilschlaf im Heiligtum zu verbinden mit Träumen, die dann am anderen Morgen von den Priestern gedeutet werden konnten.

Jeder von uns kennt den Heilgott Asklepios in Gestalt der Schlange, die sich an den Eingängen der Apotheken immer noch rangelt und ringelt. Der Gedanke des Asklepios war, dass Menschen – zwischen Traum und Tag erwachend – etwas von sich selber kennen lernen, das darüber entscheiden könnte, ob sie gesund bleiben oder krank werden, ob sie geistig bewusster werden oder ob sie bis in Zustände von seelischer Erkrankung und Wahnsinn abdriften. Asklepios selber schon ist den Worten nach die Gottheit, die aus der Ehe zwischen der Nymphe oder der Göttin der Nacht und dem Gott der Tageshelle, Apoll, geboren wurde. Wenn also Geist und Unbewusstes sich miteinander verbinden, entsteht im Schlaf der Traum. Und der ist wie ein Sendbote des Göttlichen.

Die Bibel wusste so etwas noch, auch im Neuen Testament, aber es stellt dort eine Ausnahme dar. Das Matthäus-Evangelium erzählt, dass Jesus von Anfang an nur überlebt, indem Josef gelernt hat, auf die Botschaft eines Traums zu hören, der ihn warnt für sein Kind: er soll es nach Ägypten bringen und vor dem Zugriff des Herodes schützen. Am Ende ist es noch mal so. Als Jesus vor Pilatus steht, kommt die Frau des römischen Landpflegers und sagt, ich habe diese Nacht im Traum so viel gelitten dieses Mannes wegen. Matthäus scheint zu meinen, dass, wenn Männer es lernen würden, auf ihre Träume zu hören, das Göttliche eine Chance hätte, in der Männerwelt zu überleben, eigentlich nur dann. Das ist erstaunlich, weil das Christentum offiziell diese tiefe Botschaft nie begriffen hat. Wir töten immer noch das, was uns gesund machen könnte, mit einer offiziellen Lehre. Wir knüppeln die Poesie der Religion, indem wir sie zum Dogma stilisieren. Das macht am Ende hart und grausam und ist therapeutisch nicht mehr weich und fein genug.

Was Sie sagen, bedeutet, dass der Mensch sich zunächst ein-
mal bewusst machen muss, dass er träumt und dass er sich
vergegenwärtigen muss, was er geträumt hat. Er muss die
Bilder, die er im Traum sah, noch einmal zurückrufen. Und er
muss dann bereit sein, ja überhaupt in der Lage sein, diese
Träume zu deuten, mit eigener Hilfe oder mit fremder.

Das ist etwas ganz Erstaunliches. Es ist jetzt hundert Jahre her,
dass der Wiener Nervenarzt Sigmund Freud die „Traumpsychologie" schrieb, eine Entdeckung, die für das 20. Jahrhundert so wichtig gewesen sein dürfte wie die Entwicklung der
Relativitätstheorie durch Albert Einstein. Freuds Entdeckung
war, dass Menschen krank werden, wenn sie nicht mehr träumen dürfen und vor allem, wenn sie aufhören, ihre Träume zu
verstehen. Der Weg dazu war merkwürdig. Freud hatte gesehen, dass man manche seelische Erkrankung in Hypnose rück-
gängig machen kann, dass aber, wenn man die Hypnose wieder auflöst, die Krankheit zurückkehrt. Und Freud schloss
daraus, dass es in unserem Bewusstsein offenbar etwas gibt,
das Menschen bis zur Lähmung oder bis zu anderen Erscheinungen der Unverfügbarkeit ihres Motoriums oder Senso-
riums schädigen kann. Da er selber ein miserabler Hypnoti-
seur war, ist er darauf verfallen, dass man Zustände am Rande
des Schlafs, hypnoide Zustände, benutzen könnte. Traum also
und freie Assoziation über den Traum wurden der Zugang,
Menschen tiefer zu verstehen.

Darin liegt zunächst etwas ganz Erstaunliches. Seit Kindertagen ist mir das ein eigentümliches Erleben, zu sehen wie Lebewesen schlafen können, Kätzchen oder Hunde etwa. Wenn
sie schlafend daliegen, haben sie eine unglaubliche Faszination
für mich behalten. Da sind Tiere, Menschen ganz entsprechend, die können im Wachzustand alles mögliche tun. Dieselbe Katze kann einen Vogel reißen, derselbe Mensch, der da
schläft, kann am Tage gequält sein von allem möglichen. Aber
es gibt dieses unglaubliche Geschenk des Schlafs. Dazu, dass

wir für sieben Stunden, acht Stunden in den Schlummer sinken, gehört ein enormes Vertrauen. Kein Tier an unserer Seite kann so tief und ruhig schlafen wie ein Mensch. Es ist eine Sphäre völliger Geborgenheit. In diese zurückzukehren bedeutet, dass man eigentlich den Mutterschoß noch einmal aufsucht. Und in der Sphäre dieses Vertrauens, dieser Geborgenheit, entsteht die Erlaubnis, sich in den Träumen tiefer zu begegnen. Manche Psychologen haben gemeint, die ideale Welt, die Projektionsleinwand für die Träume, sei der Hintergrund der Mutter, die Brust der Mutter für ein kleines Kind. Diese Idee ist so falsch nicht, wenn man sich vorstellt, dass man im Traum die Zensur über sich, die Eigenkontrolle, abbaut.

Sigmund Freud meinte ganz richtig: Wenn wir Menschen fragen, was in uns vor sich geht, mögen wir so ehrlich sein wollen wie wir können, wir werden die Wahrheit nicht sagen, weil wir immer wieder parallel die Zensur des Schamgefühls spüren. Darf man dem anderen sagen, was in einem selber wirklich vor sich geht? Das darf man eben nicht, denn der andere wird sofort den Finger in die Wunde legen und einen strafend ansehen, wird sich innerlich darüber lustig machen. Man fürchtet den anderen, und man hat die Furcht vor dem anderen installiert in einer eigenen psychischen Instanz, im Über-Ich. Darum meinte Freud, dass es mit den Träumen so ähnlich ist, wie wenn man an einer Grenze Schmugglerware hinüberschaffen würde. Man muss diese Ware umdeklarieren; man muss sie als etwas anderes kennzeichnen, als eigentlich drin ist. Darum ist die Traumsprache so schwierig; sie ist verklausuliert. Sie möchte den Wünschen Ausdruck verleihen, aber auch das Über-Ich einschläfern. Die Träume haben eigentlich den Zweck, den Traumschlaf zu bewachen. Da ist seelisch Unruhe, aber der Traum möchte sich an die Seite des Schläfers stellen, ihm über die Seele oder über seine Stirn streicheln und sagen: Es ist nur ein Traum, schlafe weiter. Und der Traum hilft dabei, die Konflikte zu verarbeiten, die sonst sehr beunruhigend wirken könnten.

Was erhoffen sich die Menschen, die zu Ihnen in Ihrer Funktion als Psychotherapeut in die Sprechstunde kommen und Ihnen ihre Träume erzählen, von Ihnen?

Es ist zunächst schon viel verlangt, dass Menschen sich auf diese Traumsprache und deren Mitteilung einlassen sollen. Das Vertrauen muss sein, es sitzt mir jetzt jemand gegenüber, der mich nicht verurteilt, mich nicht zensiert, sondern sich bemüht, mich zu verstehen, tiefer sogar womöglich, als ich mich selber imstande bin zu verstehen. Kein Mensch kommt ja ohne diese Hoffnung in die Psychotherapie: Jemand anderes glaubt an mich selber mehr, als ich im Moment der Angst an mich selber glauben kann. Jemand wird gemeinsam mit mir mich lehren, mehr von mir zu verstehen, als ich selber aus lauter Angst überhaupt imstande bin zu verstehen.

Man muss dabei sagen, dass die Träume in gewisser Weise eine gemeinsame Erbschaft tief zurück aus dem Tierreich haben. Unser Haushund, unsere Katze wird im Schlaf etwas Ähnliches erfahren wie wir Menschen im Traum, jedoch vermutlich nicht so kompliziert. Kein Mensch weiß, was in den schlafenden Tieren vor sich geht. Aber traumähnliche Zustände lassen sich registrieren bei Säugetieren. So tief ist diese Sprache. Säuglinge haben Träume, noch bevor sie auf die Welt kommen. Sie entwickeln gewissermaßen ein geistiges Probehandeln für eine unbekannte Welt. Auch das erwarten Patienten: dass man mit ihnen die tiefsten Schichten, animalische Reste, längst Verdrängtes zur Sprache bringt, und dass es möglich ist, Freiräume von offenen Entwürfen fürs Leben zu entwickeln. All das ist möglich, weil es einen Erlaubnisraum unzensierter Freiheit gibt, wo Poesie, wo Phantasie, wo Kreativität wirklich zugelassen wird. Nur deshalb können Träume wirklich heilen. Es gibt offenbar eine poetische Schicht in der Seele der Menschen, die, wenn sie verloren ist, darüber entscheidet, dass wir abdriften werden in die Krankheit. Wir Menschen können nicht leben, ohne dieses

Dichtertum in uns selber zu entdecken. In den Momenten der Träume kann jeder sein eigener Shakespeare oder Goethe sein. Und das muss er, um ein Mensch zu sein.

Können Sie ein Beispiel geben, wo die Funktion des Psychotherapeuten denjenigen, der geträumt hat, anzuhören und ihm seinen Traum zu erklären, dann auch eine helfende Wirkung hat?

Vielleicht hilft es etwas, wenn ich die Vulgärmeinung über die Psychoanalyse ein Stückchen korrigiere. Es hat sich die Vorstellung gebildet, dass die Psychoanalytiker sozusagen unanständige Menschen sind, die sich bei allem etwas denken, natürlich etwas Sexuelles. Das ist beschämend und erniedrigend, wenn man es denn zugeben soll. Wenn ich sagte, die Träume sind eine kreative, poetische Sprache der Seele, klingt das schon ganz anders. Und tatsächlich sollte man Träume als erstes betrachten als Kunstwerke, in denen Menschen versuchen, ihre Situation sich selber zu schildern nach der Weise der Dichter. Gleichzeitig wird man bei einer sorgfältigen Analyse merken, dass die Probleme, die wir heute haben, sich aus der Art unserer Persönlichkeit ergeben. Sie sind geboren aus der Form, in der wir als Kinder erzogen wurden. Und auch, wie wir die Zukunft gestalten, ist in den Traum eingebettet. Gegenwart, Vergangenheit, Zukunft; Diagnose, Anamnese, Prognose liegen im Traum.

Eine Frau kam zu mir und hat mir über ein halbes Jahr lang versichert, dass sie glücklich verheiratet ist, dass sie in der Kirche gut aufgehoben ist, dass ihre Kinder ordentlich sind. Es hat mich sehr gewundert, warum sie immer wieder einen langen Weg auf sich nahm, um mit mir zu reden. Ich war in gewissem Sinne therapeutisch arbeitslos. Aber weil es dazu gehörte, Träume erzählen zu sollen, schilderte sie einen ihrer Träume: Ich sah mich, sagte sie, in einem römischen Museum, an der Wand ein Fresko, möglicherweise eine etruskische Prinzessin. Wenig später sah ich dieselbe Frau in einem römischen Café, angetan mit einem Brautschleier, eine Hochzeit fand statt. Dann sah ich mich selber im Kindbett, zur Seite eine Ordensschwester, die den Dienst einer Hebamme verrichtete. Die Bettlaken wurden blutig bis zu den Enden. – Die Frau erzählte diesen Traum und fing an hilflos zu weinen. Sie sagte stammelnd: Das ist mein ganzes Leben.

Wir haben Wochen gebraucht, den Traum zu verstehen. In wenigen Konturen gemalt, müsste man ihn etwa so wiedergeben: Wir bemühen uns jetzt seit einem halben Jahr zu verstehen, was in mir vor sich geht. Und die Wahrheit konnte ich Ihnen niemals sagen. Ich habe nur gelogen die ganze Zeit über. Denn was ich jetzt sehe, ist die Wahrheit. Wenn Sie mich verstehen wollen, müssen Sie mich behandeln wie ein archäologisches Objekt. Irgendwas in meiner Jugend ist passiert, ähnlich wie der Untergang einer ganzen Kultur unter einem Erdbeben und unter einem speienden Vulkan. Meterhohe Lava ist da ausgegossen worden. Wenn Sie die aufgraben und finden uralte Reste, Kunstwerke, museumsreif, dann haben Sie eine Ahnung von meiner Kindheit. Ich sollte ständig eine Prinzessin sein für meine Mutter, eine Königstochter, dauernd überfordert. – Die Frau war wunderschön, aber sie hatte das Ausgehpüppchen ihrer Mutter zu sein. Die Frau war klug, aber sie hatte die Beste in der Schule zu sein. Sie war ständig die Musterausgabe. Kurz: Sie hatte nie gelebt. Sie war immer eingebunden in Erwartungen von außen.

Ein einziges Mal hat sie gedacht, die „etruskische Prinzessin" könnte lebendig werden. Das war bei ihrer Hochzeit. Man hat ihr beigebracht, schön wie sie ist, dass sie auf sich aufpassen muss. Das bedeutete, dass sie mit 18 heiratete. Es bestand keine Gefahr mehr, dass sie sich auf einen Jungen einließ, verführt wurde. Und man hat ihr beigebracht, gut katholisch, dass die Sexualität in der Ehe nur für die Fruchtbarkeit da ist. Sie bekam ein Kind nach dem anderen. Das ist das Verbluten. Wir haben eine Nonnenmoral –: eine Nonne als Hebamme, und eine Frau, die nur als Mutter überhaupt sich selber leben kann.

Jetzt stoßen wir auf das Problem, weswegen sie überhaupt in die Therapie kam. Sie hatte – verschrieben von einem Arzt – eine Kur angetreten und dabei einen Mann kennen gelernt, den sie lieb gewinnt. Es ist zum ersten Mal, dass sie spürt, was das heißen könnte –: Liebe. Nach über zwanzig Jahren Ehe, jetzt plötzlich, sagt sie, dass, wenn ihr Mann zu ihr kam, sie sich anschließend im Spülstein übergeben hat. Das durfte er nie erfahren. Sie hat so viel Ekel aufgebaut, dass ihr Mann nie eine Chance hatte, wirklich in Zärtlichkeit oder Zuwendung mit ihr zu korrespondieren. Es gab lauter Wahrheiten, die ihr Mann nicht wissen durfte, weil sie diese selber gar nicht zulassen durfte. Jetzt hören wir, dass das älteste Kind unter dieser Form von Familie und Erziehung natürlich sehr schwer gelitten hat. Es ist in nervenärztlicher Behandlung. Kurz: Es stimmt überhaupt nichts bei einer vollkommen geglätteten und polierten Außenwelt, die gesellschaftlich absolut funktionsgerecht eingeordnet wird. Ein einziger Traum aber offenbart plötzlich den ganzen Hintergrund. Und jetzt kann die Frau auch das, was sie als Moral begriffen hat, in Frage stellen. Sie sagt, das ist ja meine ganze Schuld, dass ich immer nur habe gut sein wollen. Sie konnte sich im Status dieser Entfremdung nie kennen lernen. Und jetzt, wo ein neues Leben beginnt, sprechen alle sie wieder schuldig. Wie lange braucht es jetzt, um herauszufinden, wo diese Frau bei sich selber ankommt und was sie dann tun kann? Was kann ihr Mann an ihrer Seite tun? Wie weit ist er imstande, jetzt den Entwicklungsprozess seiner Frau mitzuvollziehen? Welche Gespräche können sich jetzt ergeben? An keiner Stelle lässt sich das moralisch verorten.

Und das ist der Grund, weswegen die Traumpsychologie eine so tiefe therapeutische Funktion hat. Man hört auf als Therapeut, den Menschen zu bewerten, zu zensieren, zu normieren. Das ganze Moralisieren zeigt sich als Teil von Krankheit. Der Mensch erwacht buchstäblich aus dem Traum zu einer Wirklichkeit, die sich mit ihm synthetisieren muss. Und dann vertieft sich Menschlichkeit. Plötzlich werden Gespräche möglich, so ehrlich wie sie nie waren.

Und darin läge dann die heilende, helfende Wirkung des Traums, was aber doch voraussetzt, dass der Traum verständlich ist und in Bildern etwas erzählt. Aber viele Menschen haben Träume, die sind ganz wirr und unverständlich, oder sie haben Albträume. Man steht auf einem hohen Turm oder auf einer Brücke und man hat Angst, dass man herunter fällt. Oder die Lähmungsträume: Ein Mensch hat das Gefühl, er müsse weglaufen, aber er kommt nicht von der Stelle – und wacht auf und ist schweißgebadet.

Solche Träume sind natürlich außerordentlich sprechend, wenn sie denn auftauchen. Es ist überhaupt die Regel, dass man die Gefühle, die den Traum begleiten oder beim Traumerzählen sich wieder zu Wort melden, außerordentlich wichtig nimmt. Und das sollte man nicht nur in der Traumtherapie tun. Man sollte der Gefühlsbedeutung dessen, was gesagt wird, sehr viel mehr Aufmerksamkeit schenken. Und man sollte begreifen, dass im seelischen Austausch untereinander alle Dinge im Grunde Symbole sein können. Man kann Blumen sprechen lassen, die Art, wie Hände sich bewegen, wie Menschen einander anschauen, alles hat etwas zu sagen, aber erst, wenn man den seelischen Bedeutungsanteil im Geschehen selber sensibel genug erspürt. So müsste man Träume lesen. Es ist sicher zu vereinfacht, wenn man mit einem Traumlexikon herangeht und sagt: Fallträume, das bedeutet, du bist ein gefallenes Mädchen. Jemand steigt die Treppe hinauf, auch das ist nach Freud wieder ein Sexualmotiv. Solch ein Lexikonwissen wird am Ende sehr monoton. Viel wichtiger ist, was Menschen in ihren Gefühlen und in den Bildern, die sie über sich selber formen, mitteilen. Nehmen wir den Mann oder die Frau, die sich verfolgt fühlen. Vielleicht ist da gar kein konkreter Verfolger. Aber man hat die ganze Kindheit so erlebt, als sei man ständig auf einer Treibjagd. Der Jäger war nicht konkret die Mutter oder der Vater; es war gar nicht zu personalisieren. Es war gewissermaßen ein systemgebundenes Gefühl. Man machte ständig etwas falsch, man war dauernd bedroht, man hatte nie einen wirklichen Schutz. Schon das genügt ja für ein Kind. Es war gerade Krieg, man war unterwegs auf der Flucht. Es gab niemanden, an den man sich halten konnte. Schon das genügt, um ein ganzes Leben in ständige Flucht zu verformen.

Sie haben ja schon angedeutet, dass Träume sehr häufig Tabuzonen berühren und dass viele Träume mit sexuellen Symbolen angefüllt sind, wohinter sich wahrscheinlich Wunschvorstellungen verbergen.

In den Träumen, hat Sigmund Freud gemeint, herrscht das Unbewusste, also der Wunschcharakter. Er hielt die Träume für Ersatzbefriedigungen, gewissermaßen jenseits der Wirklichkeit. Diese Ansicht ist von ihm selber zum Teil schon dadurch korrigiert worden, dass im Traum ja die Zensur des Über-Ichs, auch die Schiene der Verbote, der Triebunterdrückung, ständig mitläuft. Darum sind so viele Symbole im Traum eine Vermittlungsinstanz zwischen dem „Du sollst" und dem „Ich möchte gerne", zwischen dem „Du darfst nicht" und dem „Ich will aber trotzdem". Die Symbole haben den Zweck, in verborgener Sprache etwas mitzuteilen, das sich hervorwagen möchte und darauf wartet, nun integriert zu werden. Die Art und Weise schon, wie dieses Wechselspiel, dieser Kampf zwischen zwei vollkommen verschiedenen psychischen Instanzen im Traum abläuft, sagt uns über eine Persönlichkeit sehr viel.

Es hatte eine Frau, die an Tablettenmissbrauch litt und früher magersüchtig gewesen war, eine ganz kurze Traumnotiz mitgebracht. Sie sieht sich auf einer Dampfwalze sitzen, und die Dampfwalze fährt über den kochenden Asphalt hin. Sie sitzt oben und lächelt dabei. Sie hat keine Ahnung, was der Traum ihr sagt. Und das ist oft das Normale. Es fällt sehr schwer, den eigenen Träumen auf die Schliche zu kommen. Darum ist das Gespräch so wichtig. Und hier nun konnte man sagen, es ist tatsächlich jetzt ihr Wunschbild. Nehmen wir den Asphalt als das unbewusste Material; man müsste im Sinn der Psychoanalyse noch konkreter sagen: das anale Material, alles, was da schmutzig ist, was da unten abgeht, was niedrig ist, das versucht sie, mit einer riesigen Energie flach zu bügeln. Von Natur ist weit und breit keine Rede. Da wird eine künstliche Schneise in die Natur hineingetrieben. Das Leben ist völlig entwurzelt. Da, wo es existiert, hat es keinen lebendigen Untergrund, ganz im Gegenteil: Es wird platt gewalzt. Es wird mit einem riesigen Druck funktionsgerecht gemacht. Und das ist ihr eigentlicher Stolz. Das ist ihr Triumph, die vollkommene Selbstunterdrückung ist der Sieg über sich selber. Das hat sie gelernt. Es ist nur ein einziges Bild, aber für das, was etwa in der Magersucht unbewusst geschieht, ist es ein erschreckend deutliches Bild. Genau das wird versucht: Man will keinen Körper mehr haben, weil man ihn als etwas Schmutziges betrachtet. An die Stelle von Trieben, Bedürfnissen, Wünschen, von all dem Schmutzigen und Ekelhaften, steht ein ganz klarer Herrschaftswille über sich selber. Was diese Frau mit sich selbst anfängt und macht, zeigt ihr erst der Traum. Und dann natürlich besteht die Chance, dass sie sich fragt oder sich fragen lässt, ob das jetzt so weitergehen soll, ob es nicht auch andere Formen gibt, in die Welt zu gehen als mit der Dampfwalze. Es ist auch die Frage, wie sie mit anderen Menschen umgeht. Sie selber hat von sich den Eindruck, dass sie im Grunde sehr rücksichtsvoll und sensibel und schonend mit anderen umgeht, aber sie kann sehr heftig, dampfwalzenähnlich und äußerst direkt über andere hinwegfahren. Auch da ist unbewusstes Material, das in ihr Verhalten eingeht, ohne dass sie es kennt. So ein Traum aber kann es ihr zeigen.

Wenn ein Mensch morgens erwacht und er hatte einen Traum oder er hatte verschiedene Träume oder Bruchstücke von Träumen, wie soll er damit umgehen? Soll er, wenn ihm das möglich ist, diesen Traum oder diese Träume, diese Bilder, seinem Partner – der Mann seiner Frau, die Frau ihrem Mann – einfach beim Frühstück erzählen? Hilft schon allein das Erzählen?

Ja, und es wird einem mit Sicherheit bei der Traumerzählung unmittelbar vielerlei einfallen, an das man im Traum selber nicht gedacht hätte, ganz buchstäblich. Und eine gute Faustregel ist, dass – so unterschiedlich und disparat Traumfragmente sein können – die Träume einer Nacht fast immer um dasselbe Thema kreisen. Schon das ist ein ganz guter Deutungsansatz. Träume versuchen, wie Spiralgänge in einem Hochhaus immer wieder um denselben Problemkern kreisend, in verschiedenen Etagen Lösungen anzubieten. Das wirklich Wunderbare ist in einem Satz von George Bernard Shaw formuliert. Er hat gemeint, es gibt Leute, die träumen, um einzuschlafen. Und es gibt Leute, die träumen, um aufzuwachen. Das erstere sind die Banausen, das zweite die Dichter. Wir sollten von den Träumen lernen, Dichter zu werden.

Die Macht der Bilder
oder
Was uns die Weihnachtsgeschichte erzählt

An keinem Tag des Jahres sehnen wir uns so sehr nach Frieden, nach Geborgenheit, nach Einklang wie am Heiligen Abend, am Weihnachtsfest. Woher kommt das?

Es gibt da offensichtlich ein ganz starkes Bedürfnis des Menschen, irgendwann und irgendwo einmal einer Welt zu begegnen, die so ist, wie sie sein müsste, damit man verantwortlicherweise ein Kind da hinein leben lässt. Diese Welt müsste geprägt sein von Frieden und Harmonie. Kein Kind, das auf die Welt kommt, begreift, wie Menschen einander totschlagen können, wie sie sich hassen können, wie sie wie Raubtiere übereinander herfallen. Jeder Mensch, der zur Welt kommt, erwartet irgendwo Hände und Arme, die ihn aufnehmen, streicheln, erwartet Worte, die ihn aufrichten. Das alles wird so oft zerstört, betrogen, enttäuscht. Und in dieser Form von Enttäuschung hinein setzt sich umso stärker der Wunsch, es möge trotzdem werden. Dafür eigentlich steht Weihnachten. Für die allermeisten kompensiert sich darin der Wunsch nach einer nie erlebten wirklichen Kindheit und nach Träumen, die man einmal hatte, Ideale, an die man geglaubt hat, als man noch ein Junge oder ein Mädchen war. Doch dann wurde einem beigebracht, du bist aber jetzt erwachsen, du musst dir das alles aus dem Kopf schlagen. Mit Weihnachten beginnt alles noch einmal, und es wird einem versprochen, das am ehesten Ersehnte könnte doch empfunden werden. Und das möchte man, das sucht man, das macht einen Anspruch sogar auf Erfüllung, leider viel zu kurz, nur für 24 Stunden.

Und so scheint es denn verständlich, dass so viele Menschen sich auf Weihnachten freuen und so viel von diesem Fest erwarten. Aber wir wissen, dass es in Wirklichkeit oft anders ist. Meine Frage: Warum gibt es denn, wenn dieses Fest so ist, wie Sie es beschreiben, gerade an Weihnachten so viele Menschen, die alleine sind, die traurig sind, die verzweifelt sind?

Ich kenne Menschen, die Mitte März bereits voller Angst und Schrecken darüber nachdenken, was sein wird, wenn Weihnachten kommt. Es hat damit zu tun, dass man sich ja nicht passiv nach einer Familie zurückträumt und sehnt, die es einmal gab oder hätte geben müssen. Es gibt die eigenen Angehörigen zumeist auch wirklich. Da sind beispielsweise Studenten, die sich jetzt fragen, muss ich zu Weihnachten wieder meine Mutter, meinen Vater besuchen? Die Mutter meint es sehr gut. Sie ist vielleicht seit zehn Jahren verwitwet. Sie wohnt im dritten Stockwerk eines Hochhauses. Sie hat seit Wochen schon Strümpfe gestrickt. Sie hat Kuchen gebacken. Sie hat ihn am zweiten Adventssonntag verschickt zu ihrem Sohn oder zu ihrer Tochter an den Studienort, nach Berlin oder nach Greifswald. Damit aber setzt sie das Kind unter Druck. Eigentlich müsste jetzt eine freundliche Reaktion kommen. Sie möchte sich mit den Wohltaten das Wohlwollen des Kindes erkaufen. Aber das leidet an Schuldgefühlen. Die Mutter meint es gut. Trotzdem hat man vielleicht Angst vor dieser Mutter. Sie stellt viel zu hohe Ansprüche. Man kann ihr nicht den Mann ersetzen. Man kann ihr das eigene zerstörte Leben nicht ergänzen. Man hat gelernt, sich von ihr trennen zu müssen, weil sie viel zu viel auf das eigene Leben drauflegt. Aber in diesem Gemisch von Gefühlen nun – ich möchte Kontakt eigentlich sehr, ich habe ein Verlangen nach Geborgenheit bei dieser Mutter, die es so gut meint, aber ich habe auch Angst, von ihr fast erdrückt zu werden – entsteht gerade in den Weihnachtstagen ein merkwürdiges dialektisches Hin und Her von Zuwendung und Abwendung, von Nein sagen wollen und Schuldgefühlen haben, von Ja sagen müssen aber nicht können. Es ist schwer, damit zurecht zu kommen.

Und das würde erklären, weshalb es ausgerechnet an diesem Fest des Friedens in so vielen Familien zu Unfrieden kommt?

Unbedingt. Man überbewertet allein schon die Möglichkeit von Menschen, pünktlich froh zu sein. Es ist mir seit Kindertagen schwer verständlich, wie man anordnen kann, wann etwas gefeiert wird, nach der Uhr, nach dem Kalender. Dann hat man da zu sein mit den entsprechenden passenden Gefühlen. Das erdrückt ja die Wirklichkeit der Gefühle, die Menschen tatsächlich mitbringen. Es treffen plötzlich Familienangehörige aufeinander, die sich seit langer Zeit nicht gesehen haben. Aus gutem Grunde vielleicht, sie hatten Ursachen, einander zu meiden. Aber jetzt haben sie die Pflicht, sich gemeinsam zu freuen, gemeinsam darüber glücklich zu sein, dass sie endlich doch zusammen sind. Kurz: Es beginnt ein ungeheurer Krampf, eine Heuchelei. Die Leute bekommen Kopfschmerzen, Müdigkeitsattacken, möchten nach zwei Stunden spätestens weg. Aber verordnet sind ihnen acht oder zehn Stunden des Fröhlichkeitsprogramms. Dazu kommt die Rückreise in die Kindheit. Es müssen Lieder gesungen werden, die nichts anderes sind als Kinderschnulzen. Es gibt überhaupt keinen Bezug mehr zu der Wirklichkeit, die jetzt gelebt werden müsste und die die Bilder, von denen die Rede geht, in die Realität übersetzen würden. Eine Art magischen Zwangsrituals verhindert genau das, was eigentlich erreicht werden soll.

Wenn nun in den Wochen vor Weihnachten ein Mensch zu Ihnen in die Sprechstunde kommt und sagt: Herr Drewer-

mann, ich habe Angst vor dem Weihnachtsfest. Was können Sie ihm sagen?

An der Oberfläche müssen wir zunächst, denke ich, von dem Konsumterror reden, der vor den Weihnachtstagen betrieben wird. Weihnachten wäre ein wunderschönes Fest, wenn es stimmen würde. Man macht einander Geschenke. Und das soll doch eigentlich heißen: Ich empfinde dich, meine Frau, meinen Mann, dich, mein Kind, als etwas so Wunderbares, ein Geschenk für mich, dass ich davon ein bisschen dir zurückgebe. Du bist mein Glück. Und deine Gegenwart ist etwas unverdientermaßen Wunderbares. Davon ein kleines bisschen möchte ich dir zu spüren geben von meinen Gefühlen für dich. Das wären Geschenke! Daraus hat man eine riesige Zulieferindustrie für den Einzelhandel gemacht. Vier Wochen lang, acht Wochen lang tönen die Weihnachtslieder auf allen Märkten, und man gerät in einen wahren Sog hinein. Und dann fängt der Konkurrenzkampf an. Der eine hat das geschenkt, und nun muss ich antworten mit einem Geschenk, das mindestens auf derselben Preisebene liegt. Hat man das Richtige geschenkt? Hat man den Geschmack des anderen getroffen? Es ist so viel Angst dabei, ob Menschen wirklich geliebt werden. Und sagen würde ich gegen diesen ganzen Terror, gegen diese Angst: Versuche von dem zu reden, was du wirklich fühlst! Vielleicht kommst du mal mit gar keinem Geschenk! Sage deiner Mutter, deinem Mann, deinem Vater, wem auch immer, deinem Bruder, sage ihm: Ich bringe bewusst gar nichts mit, aber dafür riskiere ich es, mich selber mitzubringen. Lass uns versuchen, über all die Dinge zu reden, die wir im ganzen letzten Jahr oder in den letzten zehn Jahren nicht beredet haben. Wir wollen nicht vor uns dastehen, indem wir die Pakete zum Turm von Babylon stapeln, um dann ganz groß da oben eine Machtposition zu erreichen. Lass uns unten anfangen. Lass uns den ganzen Mist mal wegräumen, bis es stimmt!

Aber gleichwohl ist es doch so, dass sich gerade in kleinen, persönlich ausgedachten Geschenken die besondere Neigung, Hinwendung, Liebe zu einem Menschen zum Ausdruck bringt.

Unbedingt. Ich habe das noch als Kind gelernt, dass Geschenke, die man selber bastelt, natürlich viel mehr bedeuten als etwas, das man in irgendeinem Shop kaufen kann. Ich kenne Leute, die ein ganzes Jahr über horchen, was der andere sich mal beim Spaziergang durch die Stadt gewünscht hat, und die sich merken, vor welcher Schaufensterscheibe er besonders lange stehen geblieben ist. Welche Wünsche tauchen da auf und sind sofort verworfen worden, weil sie zu teuer sind, weil man sie auch nicht wirklich nötig hat. Und trotzdem spürte man bei diesem Verzicht auch ein wenig Traurigkeit, hat es sich aber gemerkt, für den Geburtstag oder für Weihnachten. Von solchen Gelegenheiten gibt es ja das ganze Jahr über viele. Und dann ist es sogar vielleicht schön, dass es einen bestimmten Termin gibt, wo man als Überraschung zeigen kann, man hat sich in den anderen so eingefühlt, mit ihm so gelebt, dass es zusammenkommt. Und dann ist das Geschenk nichts weiter, als wenn man einander fest die Hände gibt und sagt, das bleibt zusammen, das kriegt kein Mensch auseinander.

Wenn es nun so ist, dass viele Menschen dem Weihnachtsfest fremd gegenüber stehen, dass sie sogar Angst vor diesem Fest haben, liegt es daran, dass sie mit der frohen Botschaft von der Geburt Christi gar nichts mehr anfangen können?

Mich erschüttert das zu allermeist, dass fast 50 Jahre Atheismuspropaganda in der DDR im Grunde dasselbe Ergebnis erzielt haben wie 50 Jahre kirchenverordnete Verkündigung unter Staatsschutz im Westen Deutschlands. Ob wir Väterchen Frost feiern oder Nikolaus oder Weihnachten, läuft im

Grunde auf denselben Betrieb hinaus. Das Christentum hat darüber nachzudenken, die gesamte abendländische Religionstradition, wie es möglich ist, 2000 Jahre nach Christus in einen Zustand zu geraten, von dem der Vorsitzende der katholischen Bischofskonferenz, Karl Lehmann, Kardinal zu Mainz, erklären kann, es sei wie in den Tagen des Heidentums, als Bonifatius die Germanen missionierte. Sie haben 1200 Jahre Zeit gehabt, die Botschaft von Weihnachten so zu verkünden, dass die Menschwerdung Gottes ein bisschen wenigstens der Wirklichkeit näher käme. Das Gegenteil ist der Fall. Es scheint also nicht nur etwas falsch zu sein, sondern die ganze Machart. Und ich vermute, man kann schon an der Art, wie die Weihnachtsgeschichte ausgelegt wird, zeigen, warum das so ist. Man hat aus hochpoetischen Bildern einen fertigen Dogmatismus abgeleitet.

Könnte das auch damit zusammenhängen, dass vieles, was wir in der Weihnachtsgeschichte lesen und was sich als Weihnachtslegende darum herum spinnt, dass das für den modernen Menschen manches hat, was er gar nicht begreifen kann, was ihm ganz fremd geworden ist und weshalb er als aufgeklärter Mensch sagt: Das ist ja alles Unsinn. Also, ich will mal anfangen mit der Verkündigung der Geburt Christi. Der Engel Gabriel, wir wissen es, verkündet Maria, dass sie ein Kind empfangen wird. Und Maria sagt, wie soll denn das geschehen, da ich doch keinen Mann erkenne. Das Phänomen der jungfräulichen Geburt ist ja etwas, bei dem der Mensch stutzt und sagt: Was für ein Unsinn!

Und er stutzt mit Recht. Wenn Jungfrauen, biologische Jungfrauen, wie der römische Katechismus der katholischen Kirche aus dem Jahre eintausendneunhundertzweiundneunzig nach Christus für 900 Millionen Menschen auf der Erde als verpflichtendes Glaubensgut vorschreibt, wenn das so gedacht werden muss, ist der Atheismus die logische Folge für alle

Denkenden. Tatsächlich haben wir es zu tun mit einem Bild, das in der Religionsgeschichte vielfach erscheint und übernommen wurde. Es hat eine hohe Poesie in sich selber und dadurch eine tiefe Wahrheit.

Ich gebe ein kleines Beispiel. Als Martin Luther 1521 auf der Wartburg darüber nachdachte, wie er diesen Text übersetzen sollte: Der Engel Gabriel kommt zu einer jungen Frau und redet sie an. Wie hat er sie angeredet? Die Übersetzung aus dem Lateinischen, für die Katholiken immer noch verbindlich, lautet: „Gegrüßet seiest du Maria, du bist voll der Gnade." Luther wusste, dass der griechische Text nicht so lautet. Und er sagte sich, „voll der Gnade" ist auch kein gutes Deutsch. Die Deutschen denken sofort an ein Bierfass, das voll ist. Und „Gnade" war Luther äußerst kostbar, aber an dieser Stelle ließ es sich nicht gebrauchen. Ist Maria ein begnadigter Mensch, dann wäre sie wie von der Todesstrafe gerade freigesprochen, oder ein begnadeter Mensch, dann wäre sie so was wie Mozart oder Beethoven. Es stimmt alles nicht. Martin Luther schreibt am Ende, ich hätte an der Stelle übersetzen sollen: „Der Engel sagt, es grüßt dich Gott, du liebe Maria." Und das wäre genial. Wir hätten plötzlich das ganze Theologenkauderwelsch nicht mehr aus einem Engelmund zu hören. Wir hätten eine Sprache, da würde jeder Lebende zu seiner Geliebten dasselbe sagen. Und was er spräche, wäre der Gruß eines Engels: Es liebt und grüßt dich Gott! Das ist die Sprache, in der Gott zum Menschen redet.

Und nun kommt die religionshistorische Tradition zum Tragen. Man hat das übernommen – im Lukas-Evangelium und im Matthäus-Evangelium in den ersten beiden Kapiteln – vor allem aus dem antiken Ägypten. Dort herrscht die Vorstellung, dass man, wenn ein Königssohn geboren wird – Repräsentant der Sonne, Abglanz des Sonnengestirns auf Erden – es nicht damit erklären kann, indem man sagt: Dieses Königskind ist gewissermaßen das Produkt von Vater und Mutter. Um zu verstehen, was ein König ist, braucht man ein anderes

Erklärungsprinzip. Ein König ist frei, ist souverän, berührt mit seiner Stirn die Sterne, während seine Füße auf der Erde stehen. Er ist überragend groß. Dieses Bild eines königlichen Menschen wird im Verlauf der Kulturgeschichte sozusagen demokratisiert. Es gilt nicht mehr nur für den Pharao. Es ist eine Wesensaussage für jeden Menschen. Dann hätte man ungefähr eine Vorstellung von dem, was Jesus uns schenken wollte: Betrachte jeder Mensch den anderen wie einen Königssohn, wie das Kind eines unsichtbaren Königs. Du trägst in dir ein Königreich der Liebe, das nur noch nie hat leben dürfen – aber jetzt. Der Ärmste in den Gassen Galiläas ist ein solcher Königssohn. Du hast kein Recht, auf ihn herabzuschauen.

Das könnte heißen, hier wird etwas von Gott geboren. Menschen fühlen sich in aller Regel buchstäblich als hervorgebracht, als Produkt. Die Biologen sagen, sie sind durch die Gene hervorgebracht; die Soziologen durch die Umwelt; die Psychologen durch die Erziehung. Alle Lehrbücher über den Menschen sehen ihn als das Ergebnis von Umständen. Wenn Menschen aber frei sind, sind sie unendlich viel mehr als das Ergebnis von Umständen. Sie können entscheiden, wer sie sind. Sie haben eigene Träume mitgebracht, die sie leben sollten. So werden wir zu Königskindern, zu Gotteskindern. Und davon redet der Text und sagt: Du bist ein Wunder, und ich erkläre es dir mit einem Bild, das du nie glauben wirst, in der äußeren Realität auch gar nicht glauben sollst, aber innerlich muss es stattfinden: du bist „jungfräulich" geboren. – Die Kirchen machen schwere Fehler, wenn sie Bilder, die im Inneren verbindlich stimmen, zum Abergläubischen nach außen ziehen. Damit erreicht man nicht die Menschen, sondern schlägt ihnen eher den Verstand aus den Köpfen.

Das Kind, das in Bethlehem geboren und in die Krippe hineingelegt wird, Jesus Christus, ist Gottes Sohn. Warum ist es aber so, dass – Sie haben auf die Religionsgeschichte ver-

wiesen – immer, wenn ein Gottessohn geboren wird, dass es sich dann um eine jungfräuliche Geburt handeln muss?

In der Buddhalegende des Mahayana-Buddhismus aus dem 5. Jahrhundert vor Christus, praktisch ein halbes Jahrtausend vor den Texten des Neuen Testamentes, ist dasselbe zu beobachten. Der alte Buddhismus wusste, dass der Buddha ein Kind ist, das geboren ward am Königshof von Kapilawastu im heutigen Nepal. Aber das war ja nur ein Kind, das war ja nicht der Erleuchtete, der Buddha, der die ganze Welt neu sehen lehrte, der das Leiden aufhob und den Menschen erlaubte, unverwirrt aus dem Schattenreich des Irrtums herauszutreten und innerlich durchleuchtet zu werden. Um diesen Mann zu verstehen, braucht man ein ganz anderes Prinzip. Dieser Mann ist ein reines Wunder, ganz ähnlich wie im Neuen Testament dann Jesus. Die Buddhisten erzählen, dass Buddha durch einen weißen Elefanten empfangen wurde, der zu seiner Mutter Mâyâ kam. Hier zeigt sich die Anwendung der hinduistischen Mythologie. Die Wolken ziehen am Himmel wie weiße Elefanten, aber drunten starrt die Erde glutheiß und dürstend. Und das ganze Land droht zu verdorren. Endlich regnet die Wolke ab. Das ist, wie wenn der Himmel die Erde durchtränkt und mit Leben erfüllt. Solche Bilder gibt es im Alten Testament bei Jesaja, und so etwas steht in der biblischen Tradition auch hinter der Weihnachtsüberlieferung: „Tauet, Himmel, den Gerechten, Wolken, regnet ihn herab."

Sie haben jetzt ein sehr mächtiges Bild geliefert, ein Bild, das sehr ansprechend ist –: die weiße Wolke, aus der Regen auf die Erde fällt, und die Erde wird dadurch fruchtbar. Wenn wir nun die Geschichte der Geburt Christi betrachten, den Stall von Bethlehem und alles, was da herum passiert, und die Geburt selber –: sie geschieht nicht zu Hause in Nazareth, sondern auf einer Wanderschaft. Was will uns das sagen?

Wir haben es, zusätzlich noch zu den biblischen Erzählungen, mit einer Fülle von legendären Eintragungen zu tun. Die Geschichte hat sich sozusagen selber poetisch weiter geträumt. Und es ist ganz richtig, wenn wir sagen, der Himmel verschmilzt mit der Erde und es entsteht etwas Neues. Das ist ein Vorgang, den wir vor allem psychisch in uns selber realisieren sollten. Das Bewusstsein und das Unbewusste, die Reglements von draußen, das Sollen und das innere Wollen müssten zusammenkommen, Natur und Kultur, Traum und Tag. Wenn es gelingt zusammenzubringen, was in unserem Wesen liegt und was wir in der Wirklichkeit dann gestalten, hätten wir ein Stück von der Weihnachtsgeschichte wahr gemacht. Natürlich geht das nur unterwegs, wenn es keine feste Position gibt, in der wir etwas als fix und fertig behaupten können. Es ist ein ständiger Prozess. Und es ist immer mit einem Gefühl von Heimatlosigkeit verbunden. Ich glaube, dass es den meisten schwer fällt zu denken, das wirklich Neue, nach dem wir uns sehnen, könne nur eintreten, indem wir uns vom Gewohnten entfernen. Aber genau das bedeutet es. Immer erzählen die Legenden und Mythen davon, dass die Mutter des Gotteskindes sehr früh stirbt, oder aber, dass sie einer Vertreibung ausgesetzt ist. Es ist immer ein Stück, wo eine radikale Wende in die Erzählung einbricht, wo etwas ganz Neues beginnt.

Und nun im einzelnen: Die Geschichte erzählt von Hirten, die auf dem Felde sind, und von einer Krippe, in die Jesus hineingelegt wird. Das hat eine große Ähnlichkeit mit Religionen, die in der Frühzeit des Christentums parallel waren. Die Religion des Mithras zum Beispiel, die von den römischen Legionären übernommen wurde, erzählt ähnliches. Wir müssten hier so sagen: Hirten sind kulturgeschichtlich eine Gruppe von Menschen, die zwischen Kultur und Natur stehen. Sie sind in Judäa Verachtete, im Grunde halbe Strolche und Diebe, Leute, die in die Kultur nicht voll eingefügt sind. Sie sind keine Stadtbewohner. Sie leben nach halb nomadischen Regeln. Das ist der historische Ort. Psychisch müssten wir jetzt denken, etwas wirklich Neues kann sich in uns nur zu Wort melden, wenn wir all die Träume, die wir für später aufgehoben haben, alles, was man uns mit 15 aberzogen hat, damit es mit 65 sich schließlich wieder meldet, endlich wagen würden anzupacken; dann hätten wir das Kind in die Krippe der Hirten gelegt – im Bilde gesprochen.

Die meisten lesen den Gang nach Bethlehem wahrscheinlich in den Weihnachtstagen wie eine bloße Ortsangabe. Die ganze Wallfahrt nach Bethlehem zur Steuerregistrierung unter Augustus kann historisch so nicht gewesen sein. Aber was der Text meint, ist im Grunde eine revolutionäre Erklärung. Stellt euch mal vor, wie das Heil – das, woran ihr wirklich glauben möchtet – aussehen müsste! Man wird euch sofort sagen –: Heil, das ist zu viel erwartet. Aber wir organisieren es. Wir machen weiter Politik wie bisher; wir ändern im Grunde gar nichts. Wir machen nur das Alte unter neuer Nomenklatur ein bisschen besser. Das kann ein politisches Wahlprogramm werden. Es ist möglich, dass man uns immer wieder beibringt, du musst glauben, der Frieden kommt, wenn das Militär stark genug ist, jeden Angreifer zurückzuschlagen. Der Frieden kommt, das ist das Programm jener Tage unter Kaiser Augustus, wenn die Römer die gesamte Welt erobert haben. Die Römer sind sozusagen die Kultur, die Römer sind das Wissen, die Römer sind der Fortschritt, die Römer sind die Menschenrechte. Und wenn alle daran teilhaben, ist die Menschheit zufrieden. Das wurde in den Tagen, da dieser Text geschrieben wurde, ernsthaft geglaubt. Es gibt Hymnen parallel zur Weihnachtsgeschichte, die Kaiser Augustus besingen als den Friedensretter der Welt. Aber die Weihnachtsgeschichte sagt, es ist genau anders. Glaubt dieser Lüge nicht! Solange sie noch töten, um Menschenleben zu retten, wird nur weiter gemordet. Solange sie wiederkommen und sagen, der Frieden ist das Ergebnis der richtigen Kriege, werden die Kriege nie aufhören. Das ist ein Programm, das nie gestimmt hat. Ihr müsst nicht noch 2000 Jahre warten, ehe sich das widerlegt, ihr könnt das jetzt schon wissen. Wenn ihr Jesus verstehen wollt, dann müsst ihr begreifen, dass er nicht in Nazareth oder Rom zur Welt kommt, sondern in Bethlehem, das einmal die Stadt König Davids gewesen ist. Aber nun stellt Jesus das ganze Bild eines Königs im Stile Davids auf den Kopf. Er kämpft nicht um ein neues äußeres Israel. Er tritt nicht seine Feinde unter die Füße. Er will überhaupt keine Machtpolitik. Er ist das genaue Gegenstück zu jedem König. Und deshalb ist er von Gott.

Ich will aus der Weihnachtsgeschichte, so wie sie bei Lukas steht, noch ein paar Zeilen zitieren. Sie heißen: „Und als sie dort waren, kam die Zeit, dass sie gebären sollte. Und sie gebar ihren Sohn, den Erstgeborenen. Sie wickelte ihn in Windeln und legte ihn in eine Krippe, weil in der Herberge kein Platz für sie war." Ein Mensch, der zu Weihnachten diese Geschichte hört, wenn er sie ganz naiv hört, Wort für Wort, in diesen ganz einfachen Bildern, was kann er damit anfangen?

Die Herbergssuche ist ein mythisches Motiv. Von der Göttin Isis wird in Ägypten ähnliches berichtet. Von der Mutter des Asklepios erzählen die griechischen Mythen ähnliches. Hier meint der Text etwas ganz Einfaches. Für eine Frau, die gebären wird, ist in einer Herberge, einer Karawanserei, bei dem Durcheinander kein Platz. Sie geht lieber aufs Feld, abgesondert von den Leuten, und bringt ihr Kind dort zur Welt. Mehr ist zunächst nicht gemeint, aber als Sinnbild gilt hier: Wenn du versuchst zu leben, was du bist, musst du dich als erstes einrichten auf Widerstand, auf Einsamkeit. Du wirst das, was du bist, ein Individuum, im Grunde nur, indem du riskierst, einmal nicht dazu zu gehören. Es kann etwas Neues nur passieren, wenn du die Totalangleichung an das Allgemeine durchbrichst. Du musst nicht länger wie eine Fledermaus im Winde darauf lauschen, was alles für Geräusche ringsum sind. Du musst lernen, nach Innen zu hören, auf die leise Stimme, die wirklich von Gott ist. Wie können Engel singen? Wie können Hirten davon hören, außer du fängst an, deinen Träumen zu glauben. Sie sind die Sprache, die Gott in deine Seele senkt. Du kannst genau wissen, was Mitleid ist, was Güte bedeutet, was Menschlichkeit meint, was Gerechtigkeit und Wahrhaftigkeit bedeuten. Es muss dir nicht gesagt werden. Du weißt das in dir. Das einzige ist, dass man dauernd erklärt, das geht doch nicht zu leben, das ist zu riskant, so kommst du nicht durch! Du musst dich immer wieder biegen und verlügen. Wenn du damit aufhörst, musst du in Kauf nehmen, dass du auf die Suche zu gehen hast, wo Menschen sind, die dich aufnehmen. Aber es bleibt dir nicht erspart. Der Weg der Menschwerdung ist genau dieses Suchen, wo du mit deiner Wahrheit, mit dem Königskind in deinen Armen aufgenommen wirst.

Und das Kind, das in der Krippe liegt, für was steht es als Symbol zu Weihnachten?

Mit aller Sicherheit dafür, dass wir riskieren dürfen, arm zu sein, überhaupt nichts zu haben, gar nichts zu sein. Das Wunder ist, dass Kinder nur so zur Welt kommen. Und jede Frau ist in diesem Sinne eine Madonna. Sie liebt ihr Kind ganz einfach dafür, dass es da ist. Dieses Kind hat noch nichts, ist noch nichts, weiß noch nichts. Aber die Mutter hat es lieb einfach für seine Existenz. Wenn wir das übertragen würden als Grundgefühl des Lebens auf alles, dann hätten wir das, was die christliche Religion in der Weihnachtsgeschichte meint: Gott liebt dich einfach, weil du da bist. Du musst das nicht erst erschaffen und erkämpfen. Denn dann wird es nur wieder grausam und starr, sonst aber hoffnungsfroh, offen und voller Freude.

Weihnachten
oder
Wenn ihr nicht werdet wie die Kinder

Im 18. Kapitel des Matthäus-Evangeliums lesen wir vom Rangstreit der Jünger, die sich offenbar nicht darüber einig werden können, wer von ihnen einst der Größte im Himmelreich sein wird. Da ruft Jesus ein Kind herbei, stellt es mitten unter sie und sagt: „Wenn ihr nicht umkehrt und werdet wie die Kinder, so werdet ihr nicht ins Himmelreich kommen.“

Das ist eine erschütternde Stelle. Die Jünger kämpfen um ihre Positionen, sie verteilen schon ihre Zuständigkeiten im Himmelreich und in alle Ewigkeit bei Gott. Sie verhalten sich im Grunde schon wie Kirchenfürsten. In diesem Wahn, der uns für ganz normal gilt, macht Jesus eine entscheidende Korrektur, die er verbindet mit der Gestalt eines Kindes. Man hat in der romantischen Literatur, vor allem im 19. Jahrhundert, das Kind mystifiziert. Immer galt das Kind dabei als eine Art Gottesbote und als eine Infragestellung der Erwachsenenwelt. Man hat mit dem Kind Unschuld verbunden. Kurz, man hat all die unterdrückten Teile aus dem Erwachsenenleben zurückprojiziert in eine Anfangszeit, in der man noch unverdorben Kind sein durfte. Bei Jesus ist das ganz sicher so nicht gemeint, sondern das Bild des Kindes steht für ihn zentral in seiner ganzen Botschaft. Jesus muss erlebt haben, dass Menschen immer wieder überfordert sind, wenn man sie nötigt, erst einmal gut sein zu müssen, mit den Geboten konform sein zu müssen, ehe man sie anerkennt und sie in ihrem Wert schätzt. Menschen geben sich verzweifelt Mühe, liebenswürdig zu sein, als Kinder schon. Aber gerade dadurch kann ihr ganzes Leben aus dem Ruder laufen. Lasst doch, ihr guten Bürger, scheint Jesus zu denken, mal den Gedanken einer Gerechtigkeit an euch ran, stolz und tüchtig und leistungsstark wie ihr seid! Legt euer Leben auf die Waage vor Gott, und ihr werdet merken, dass ihr damit nicht durchkommt.

Jesus muss so gefühlt haben. Bei der Taufe am Jordan sagte eine Stimme vom Himmel herab: „Du bist mein lieber Sohn." Das soll heißen: Ich, Gott, bin doch nicht die Macht, die dich verurteilt. Du kannst gemacht haben, was du willst, du wirst nie aus meiner Liebe fallen. Diese Erfahrung, die sich der neutestamentlichen Überlieferung nach mit der Taufe Jesu verbindet, ist die wirkliche Weihnachtsgeschichte. Jesus wird weggehen vom Jordan, auch von seinem Lehrer, Johannes dem Täufer, um den Menschen im Grunde nur dies zu sagen: Es gibt eine Macht hinter eurem Leben, unter euren Füßen, die euch einhüllt und umfängt. Mit dieser Macht solltet ihr sprechen lernen wie ein Kind mit seinem Vater, voller Vertrauen!

Vertrauensvoll und geborgen, so möchte Jesus, dass wir Menschen unser ganzes Leben in den Händen Gottes neu entdecken. Ganz offensichtlich heißt dies für ihn, ein Kind zu sein. Es ist identisch damit, die Angst zu verlieren, die uns zu wechselseitigen Konkurrenten macht, die wechselseitige Negation zu verlieren, die in uns liegt. Die Selbstverneinung, der Selbsthass, das ganze Aggressionspotential könnte sich auflösen. Wir würden endlich die Menschen werden, die Gott gemeint hat. Wir müssten darum nicht kämpfen, wir wären es dann ganz einfach.

Das verbindet Jesus mit der Gestalt eines Kindes. Es lebt nur durch Liebe. Und wovon eigentlich leben Menschen sonst? Wie belügt ihr euch, wenn ihr denkt, ihr müsst erst einmal die Karriereleiter emporsteigen, ihr müsst die nächste Gehaltserhöhung abwarten, ihr müsst die Karosserie eures Autos noch verbreitern –, dann werdet ihr die Frau finden, die euch liebt. Was seid ihr für Wahnsinnige! Eine Frau liebt ein Kind dafür, dass es auf der Welt ist. Es ist ja ihr Kind. Und so betrachtet Gott die Menschen. Wenn ihr das nicht versteht, habt ihr überhaupt nicht verstanden, was Menschen sind. Menschen schaffen sich nicht die Existenzberechtigung, sie sind als Menschen liebenswert. Jede Mutter der Welt wird das ihrem Kinde zu zeigen versuchen, wie gebrochen auch immer. Aber bei Gott gilt es unbedingt. Und wenn ihr das nicht lernt, werdet ihr ganz sicher nie zu Jüngern der Menschlichkeit.

Im Matthäus-Evangelium erfahren wir nun leider nicht, ob die Jünger begreifen, was Jesus ihnen sagen will und weshalb er das Kind in ihre Mitte holt. Und vielleicht ist es ja auch nicht so leicht zu verstehen, was Jesus meint, weil man dann ja auch wissen oder erkennen müsste, was ganz eigentlich das Wesen des Kindes vom Wesen des Erwachsenen unterscheidet.

Ich glaube, die meisten Menschen hat man daran gehindert, wirklich Kinder zu sein. Darum hat dieser Satz im 18. Kapitel bei Matthäus für mich eine ganz tiefe therapeutische Dimension. Worum es bei der seelischen Durcharbeitung geht, ist im Grunde immer wieder die gestohlene Kindheit. Man hat uns förmlich in die Welt gejagt, und man musste viel zu schnell erwachsen sein. Man musste etwas können, wissen, sich richtig verhalten und einordnen. Das konnte alles gar nicht schnell genug gehen. Alle Neurosentherapien bestehen im Grunde darin, die verlorene Kindheit noch mal aufzuarbeiten und all das wieder zu entdecken, was man als Kind nicht sein durfte. Die Theorien darüber können sehr kompliziert sein. Da ist die Rede von Gehemmtheiten, von Ängsten, von Wiederholungszwängen. Im Grunde aber geht es darum, noch einmal den Traum zu entdecken, den man als Kind geträumt hat.

Konkret gesagt: Kein Kind, das auf die Welt kommt, ist vorbereitet auf die Welt, in die wir es entlassen. Man sagt dem Kind, es soll lieb sein, es soll brav sein, es soll sich nicht zanken, es soll die Tafel Schokolade teilen, es soll die Mutti lieb haben. Und kaum ist dasselbe Kind 18 Jahre alt, werden wir ihm sagen: Du musst lernen, wie man tötet, du musst hart sein, du musst ein Mann werden, du musst durchhalten, du musst deine Pflicht tun! Wir haben ein Kontrastprogramm der Grausamkeit. Und wir wollen überhaupt nicht mehr, dass die Kinder leben. Dieser Bruch ist für uns ganz normal in unserer Zivilisation.

Wir erzählen den 12-jährigen Kindern die Geschichte, wie der Hl. Franziskus auf den Wolf von Gubbio zuging, der in den Herden der Hirten in Oberitalien wütete, weil Schnee lag und er Hunger hatte. Die Männer gingen auf ihn los mit Dreschflegeln und Sensen, um die Bestie zur Strecke zu bringen. Die Legende erzählt, wie nun Franziskus auf ihn zuging und ihn umarmte: „Bruder Wolf, nur aus Hunger hast du das getan." Wir sagen den Kindern noch, menschlich wertvoll sind die Leute, die begreifen, dass selbst die Verbrechen nur geschehen aus Hunger, unerledigter Wünsche aus Kindertagen wegen, von Menschen, die als Kinder nie satt geworden sind, weil sie nie die Liebe bekommen haben, die sie brauchten. Und wenn man das nicht versteht, wenn man den Hunger nicht sieht, der das Schlimmste womöglich hervorbringt, zerbricht man die Gemeinsamkeit der Menschen.

Franziskus hat Jesus verstanden: den Wolf umarmen ist damit identisch, das Kind wiederzufinden. Diese Welt der verleugneten Träume will Jesus ändern, indem er sagt: Glaubt doch an das, was ihr einmal als Kinder wart. Mitleid ist keine Sünde, ist nicht unverantwortlich. Es ist die Welt, in die ein Kind normalerweise hineingehört. Die Welt, welche die Erwachsenen bereiten, das ist die ganz normale Hölle des Konkurrenzkampfes, der Perfektionen, der verschiedenen Leistungszwänge, der zertrampelten Gefühle. Man lernt, wie man über Menschen hinweggeht, um am Ende auf den Sprossen der Karriereleiter noch ein Stückchen höher zu kommen. Darauf aber ist kein Kind eingerichtet. Und dagegen ist die Forderung zu stellen: Erhaltet das, was einmal gemeint war, ihr Menschen, und bekommt eure ursprünglichen Empfindungen wieder!

In der Psychotherapie haben wir es in aller Regel damit zu tun, dass Menschen lernen, sich selber noch mal bei der Hand zu nehmen und das Kind ins Leben zu führen, das nie hat leben dürfen. Dieser Tage noch sagte mir eine Frau: „Ich habe ja nie gelebt." Sie hatte entdeckt, dass sie anfing, wieder in Puppenläden zu gehen und zu schauen, wie eine Puppenstube aussieht. Sie hat plötzlich vor einem solchen Laden angefangen zu weinen, sie wusste gar nicht warum. Aber plötzlich merkte sie: Das war ich doch mal; und ich hab das alles nie bekommen. Die Frage ist: Wie können erwachsene Menschen sich so viele unentdeckte Wünsche selber erfüllen? Wie viel an Künstlertum schläft da, wie viel an Poesie, an Gefühl, an Liebe, was alles plötzlich aufblühen könnte, indem man das Kind von damals bei der Hand nimmt und ihm erlaubt, in die Erwachsenenwelt einzutreten. Dann freilich bleibt kein Stein mehr auf dem anderen.

Wenn das gilt, was Jesus im 18. Kapitel des Matthäus-Evangeliums sagt, ist der Begriff der Normalität völlig auf den Kopf gestellt. Wer ist der Größte? Nennen wir wirklich die Leute „groß", die das Geld scheffeln am Rande der Armut und des Elends von Millionen? Sind „groß" wirklich die Leute, die die anderen schikanieren und die dauernd eine Wolke von Zeugen und Zuschauern brauchen, die sie wichtig macht und die sie kujonieren können mit ihren Befehlen? Brauchen wir wirklich die Menschen, die in ihrer Machtfülle aufgeblasen sind wie ein Ballon, nur um sich selbst zu repräsentieren? Wollen wir wirklich glauben, jemand ist „groß", weil er über andere Menschen zu bestimmen hat, jemand, den wir mit hundert Milliarden aus der Rüstungsindustrie sponsern, damit er die Marionette der Mächtigen bleibt? Wollen wir wirklich sagen, Alexander der Große war groß, weil er die damalige Welt aufrollte wie einen blutigen Teppich? Und Napoleon war groß, weil er es in Europa genauso machte? Wollen wir wirklich die Maßstäbe der Geschichtsbücher beibehalten, indem wir diese Leute weiter „groß" nennen? Oder wollen wir nicht sagen: Die „kleinen Leute", das sind die wirklichen Helden! Kein Homer schreibt über sie, aber vernünftige Dichter: Dostojewski oder Tolstoi zum Beispiel. Sie zeigen, wie jedes Menschenleben es verdient, besungen zu werden wie ein noch nie gelesener Roman!

Ich denke, dass Gott so ist. Er schreibt im Himmel unseren Roman. Und wir auf Erden schlagen Seite für Seite auf wie ein leeres Blatt und vergleichen, was wir zu Papier bringen mit dem, was dort schon aufgezeichnet steht.

Was Sie vorhin über diese erwachsene Frau gesagt haben, die eines Tages begann, wieder in Puppenläden zu gehen, um die verlorenen Träume ihrer Kindheit zu suchen, bringt mich dazu, ein Zitat des französischen Philosophen René Descartes vorzulesen. Es heißt: „Das Unglück des Menschen rührt daher, dass er zunächst Kind gewesen ist."

Descartes hat das selber erlebt. Er war sechs Jahre alt, als er an der Universität eingeschrieben wurde. Im 16./17. Jahrhundert waren Kinder nie etwas anderes als kleine Erwachsene, die bedauern mussten, dass sie nicht schon groß zur Welt gekommen waren. Man lernte mit vier Jahren Latein, die Gelehrtensprache. Man hatte eine Pädagogik, die auf die Entwicklungsphase eines Kindes überhaupt nicht vorbereitet war. Dass ein Kind ein eigenes Wesen ist, hat man erst im 19. Jahrhundert entdeckt, als man anfing, geschichtlich zu denken und zu begreifen, dass man überhaupt nichts versteht, ohne dass man den Werdegang würdigt, durch den etwas entsteht und sich entwickeln kann. Descartes hat im

Reflex seiner eigenen Kindheit so gedacht: Es ist bedauernswert, dass ich die Zeit verloren habe, in der ich Kind sein
musste. Und er hat später eine sehr abstrakte Lehre entwickelt, nach der Gefühle unklare Gedanken sind, die eigentlich keinen Erkenntniswert haben. Danach eröffnet nur das
klare Denken, das begrifflich Eindeutige einen Zugang zur
Wirklichkeit. Auch die Sinne können täuschen. Nur das, was
im Kopf klar ist, das verdient, für wahr genommen zu werden, zum Beispiel die Mathematik. Man möchte Descartes
eigentlich an die Schultern fassen und durchrütteln und sagen: Wo ist deine Seele, wo ist dein Gefühl? Tiere sind Reflexautomaten – das hast du wirklich geschrieben. Wir können
sie also für die Wissenschaft quälen in jedem Forschungs-
labor. Das ist aus diesen Gedanken geworden. Willst du das
wirklich, Descartes? Die Seele existiert, als ob der Körper eine Marionette wäre! Und wir sollen keine lebendigen Einhei-
ten sein? Wir sollen auf der Flucht bleiben vor uns selber, die
wir einmal empfindsame, vertrauenssuchende, Liebe hei-
schende Kinder waren!?

*Gehört zu dem, was ganz wesentlich das Kindsein vom Er-
wachsensein unterscheidet nicht auch, dass das Kind im
Gegensatz zum Erwachsenen etwas Unbedingtes hat? Es
duldet nie einen Aufschub. Wenn es nach dem Vater ruft,
will es, dass der Vater sofort kommt und alles stehen und
liegen lässt, dass also das Kind sich in seiner Ursprünglich-
keit für das Allerwichtigste auf der Welt hält.*

Kinder sind geborene Narzissten, wenn man so will, auch
Egoisten, aber das hat die Natur so vorgesehen. Es gibt unter
allen denkbaren Geräuschen keines, das durchdringender ist
als das Schreien eines Kindes. Wenn dieser Ton erklingt, ist
alles in uns mobilisiert. Denn ein Kind aus einer Not zu befreien, ist in der ganzen Biologie eine Überlebensstrategie
von höchstem Rang. Wenn es Lebewesen gäbe, Säugetiere

gäbe, die keine Acht hätten auf ihre hilfsbedürftigen Jungen, wäre die Art nicht lebensfähig. Also, das hat eine lange, Hunderte von Millionen Jahre dauernde Geschichte in der Evolution des Lebens. Da fühlen wir Menschen ganz ähnlich wie eine Schimpansenmutter oder eine Katzenmutter mit ihren Jungen: Sie muss nur das Geräusch hören, das irgendeine Bitte signalisiert, dann ist sie sofort in höchster Aufmerksamkeit. Natürlich kann das die Erwachsenen oft überstrapazieren, und man muss lernen, damit umzugehen. Man kann nicht dem Kind bei jedem Quäken alles erfüllen. Es wäre nicht richtig, wenn eine Mutter sprungbereit alles täte, was das Kind will. So ist die Wirklichkeit nicht. Aber in den Augen Jesu, noch mal gesagt, soll das Vertrauen sein: „Ihr seid für Gott etwas Unbedingtes." Und so lehrt er ja, mit Gott zu sprechen. Er will die Menschen nicht lehren, dass jedes Gebet erhört wird und sie alles wie im Paradies oder Schlaraffenland erfüllt bekommen, worum sie den Himmel anflehen, aber dass es sich lohnt, Gott mit allen Wünschen zu konfrontieren, denn schon indem man sie ausspricht, wird das Herz langsam ruhig – und man vergisst am Ende die Wünsche. Dass die Mutter da ist, dass der Vater da ist, ist am Ende mehr wert als alles, was sie tun können. Dieser Raum von Geborgenheit, der sich erschließt, ist das absolut Notwendige für ein Kind und, schaut man richtig hin, für alle Menschen. Wir können uns als Erwachsene viel vormachen. Solange wir Angst beantworten, indem wir sie verdrängen, oder damit beantworten, dass wir anderen Angst machen, mögen wir „Erwachsene" sein – aber wir hören auf, Menschen zu sein. Es gibt auf Angst nur die Antwort des Vertrauens. Ein Kind kann überhaupt nicht anders. Und Jesus wünscht für jeden, dass es so wäre, denn nur das ist der Weg zur Menschlichkeit.

Und mindestens einmal im Jahr träumen die Menschen von ihrer Kindheit und es steigen Erinnerungsbilder in ihnen auf –

*zu Weihnachten. Was hat dieses Fest Besonderes, dass sol-
che Gefühle von Erinnerungen gerade da so stark in den
Menschen entstehen?*

Dies ist ganz sicherlich die Sehnsucht: man möchte mal zu-
rückversetzt sein oder überhaupt erleben dürfen, dass man
geborgen wäre und dass es eine Welt gäbe, die Frieden atmet
statt Gewalt, eine Welt, in der die Menschen einander verstehen und in der der Himmel der Erde nahe wäre, eine Welt,
in der die Dunkelheit aufbricht und sich erfüllt mit Lichter-
glanz, in der die Liebe so warm wird, dass die Winterkälte
darunter erstirbt und ein neuer Frühling beginnt. All die
Symbole aus der Natur, all die Traditionen aus der Kulturgeschichte, die schon vom alten Ägypten oder dem antiken
Griechenland her in das christliche Weihnachtsfest einge-
drungen sind, gehen in die gleiche Richtung.

Was die Bibel mit der Geburt Jesu in Bethlehem meint, hat
indessen noch einen deutlich anderen Akzent. Im Grunde erzählt die Legende von der Geburt Jesu davon, dass ein Kontrast
vorhanden ist. Man bewundert in den Tagen Jesu Kaiser Augustus. Das ist ein Programm, das wir heute noch in der amerikanischen Philosophie vom Frieden, in der Nato-Philoso-
phie von Verantwortung etabliert finden: Friede wird sein,
wenn überall römische Legionen dafür sorgen, dass die Völker Untertanen Roms bleiben. Man hat ein einheitliches
Recht, eine einheitliche Sprache, man legt Wasserleitungen
und entwickelt die Kultur, und im Übrigen hat man ein
Recht, die Welt für sich zu nutzen. Friede ist Zentralismus
von Herrschaft und Gewalt. Das ist die Definition: Du hast
den Frieden, wenn du stark genug bist, gegen jeden Feind, der
diese Art von definierter Regierungsform stören könnte, bru-
tal mit Krieg vorzugehen.

Genau gegen das, was das Römische Reich und eigentlich
die ganze abendländische Politik und Kultur entwickelt haben, setzt das Bild von Bethlehem den wirklichen König. Das

Neue Testament möchte sagen, die Vorstellung von dem wahren König hat nichts mehr zu tun mit König David, hat nichts zu tun mit Kaiser Augustus. Wenn Gott im menschlichen Herzen wirklich Macht ergreift, dann lehrt er, die Welt aus der Perspektive der Notleidenden zu betrachten, nicht der Regierenden. Dann ist die Frage nicht mehr, wie kann man Stimmen einfangen, wie kann man Geld aufhäufen, wie kann man Macht akkumulieren. Dann ist die wirkliche Frage, was brauchen die Menschen, die nicht ein noch aus wissen? Wie hilft man den moralisch Entrechteten, wie hilft man den sozial Ausgegrenzten, wie hilft man den psychisch am Rande Stehenden? Das wird die Frage sein. Und wer ihr folgt mit ganzem Herzen, wird eine unglaubliche Macht haben, einfach weil er sie gar nicht haben will. Es ist in dieser Welt nur nötig, ein wenig die Sprache der Liebe zu reden. Und das hat eine enorme Sogkraft.

Am Anfang des zwanzigsten Blut getränkten Jahrhunderts sagte Franz Kafka, dass man gegen das Eis nur die Axt gebrauchen kann. Man schlägt also so fest in das gefrorene Material ein, dass man es am Ende spaltet. Ich glaube nicht, dass Kafka Recht hat. Mit Gewalt kann man nur Kälte von der linken auf die rechte Straßenseite räumen. Aber wenn der Südwind kommt, wenn der Föhn über die Gletscher weht, löst sich die Kälte auf. Der warme Wind hat unendlich viel mehr Macht als Spitzhacke und Schaufel. Das ist die wirkliche Veränderung, die Jesus will. Die ganze Geschichte könnte sich neu schreiben, wenn wir diesen neuen Maßstab nähmen: das Kind in Bethlehem.

Zu den vielen Symbolen der Weihnachtsgeschichte, zu den Bildern, die wir vor uns sehen, wenn wir auch nur das Wort Weihnachten hören –: da ist das Kind in der Krippe, da sind die Tiere im Stall und da sind die Hirten auf dem Felde. Was hat es mit diesen Bildern auf sich?

Es ist das Merkwürdige dieser poetischen Symbolik, dass sie sich immer weiter interpretiert, je mehr man sich auf sie einlässt. Im Neuen Testament steht nichts von den Tieren an der Krippe, sondern das ist ein Satz aus dem Propheten Jesaja: Selbst ein Ochse kennt seinen Herrn und ein Esel die Krippe seines Herrn, aber Israel ist gewissermaßen dumm und weiß nicht, wo es hingehört. Die Klage des Propheten verknüpft sich mit der Weihnachtslegende, dass der Ochse und der Esel gefunden haben, wo sie hingehören, nämlich zur Krippe des Heilands. Und auch die Hirten sind gekommen. Alle, die draußen stehen, die sonst nur das freie Feld haben, die eigentlich nirgendwo zugehören, diese Menschen fühlen, was hier beginnt. Es ist wie für einen Ertrinkenden die letzte Planke nach dem Schiffsuntergang. Was nötig gebraucht wird, ist eine Sprache des Mitleids, der Güte, des Erbarmens, also ein Kontrast zu der vereisten Verwaltung der immer Fertigen und Richtigen. Man kann sagen, die Botschaft, die von Weihnachten ausgeht, ist eine einzige Bedrohung dieser Welt, obwohl das Weihnachtsfest in den Kreisen der sich drehenden Kirmeskarussells als Gratiswerbung für den Einzelhandel längst vernutzt worden ist. In Wirklichkeit ist Weihnachten die Eintrittskarte für all die Menschen, die sonst überhaupt keine Chance hätten, die die Karte nicht bezahlen können, mit der sie in den Palast der Menschlichkeit Eingang finden würden.

Um es so zu sagen: Jeder, der meint, er steht mit beiden Beinen fest auf der Erde, er ist seines Glückes Schmied, er ist ein eiserner Charakter, braucht die Botschaft von Weihnachten nicht. Er kommt vollkommen aus mit dem Gesetz des Hammurabi, dem Gesetz des Moses oder dem Bürgerlichen Gesetzbuch. Und er wird immer klare Regeln haben: Hier sind die Richtigen und da die Falschen, hier die Guten und da die Bösen, hier die Gesunden und da die Kranken. Und dazwischen ist Gott immer wieder derjenige, der die Gräben zieht, indem man ideologisch diese Wertungen festschreibt.

Weihnachten bringt das alles durcheinander. Es erklärt ganz einfach: Wir haben es mit Notleidenden zu tun, also mit Menschen, die euch beibringen können, wer Gott ist. Und bedenkt es genau: Ihr könnt morgen schon krank werden, eine kleine Grippe kann genügen, euer ganzes Weltbild zu ändern. Der Mensch, den ihr lieb habt, kann krank werden. Er kann sterben. Es ist möglich, dass ihr in irgendeiner wichtigen Angelegenheit scheitert. Plötzlich begreift ihr dann, wovon Menschen wirklich leben –: Menschen leben einzig von der Liebe. Durch nichts sonst!

Es gibt eine Geschichte, die nicht direkt von Weihnachten handelt, aber dem Inhalt nach dem Gesagten ganz und gar entspricht. Alexander Solschenizyn hat in seinem Roman „Krebsstation" von Jefrem geschrieben, einem Mann, dem die Ärzte bescheinigt haben, dass sein Leben nur noch kurz ist. Er hat, auf dem Bett liegend, eine Novelle von Tolstoi in der Hand – *„Wovon die Menschen leben"* – und er fragt jetzt durch: „Wovon lebst du?" Und der eine sagt: „Von Brot und Wodka." Das hätte Jefrem früher auch gesagt, aber mit dem Krebs im Leib nützt ihm das nichts mehr. „Und wovon lebst du?" Und der andere sagt: „Ich möchte noch ein Radio-Isotop im Uran finden." Das könnte Jefrem verstehen, aber er ist kein Atomphysiker. Der dritte sagt, er lebe für die Partei. Und da sagt Jefrem: „Halt's Maul, du Idiot!" – Bei Tolstoi steht, die Menschen leben von der Liebe. Und das wäre für Jefrem sogar ganz wörtlich so. Die Ärzte haben gesagt, wenn deine Frau Birkenschwämme sammeln würde, dann könnte der Krebs zumindest beruhigt werden. Aber seine Frau wird den Scheuerlappen nach ihm werfen, so hat er sie behandelt, so lieblos. Und jetzt fordert die eigene Lieblosigkeit von ihm den Tod. Die Menschen leben von der Liebe! Das wissen die Kinder, das wissen die Hirten, das wissen alle, die im Elend sitzen. Das könnte jeder Mensch wissen, aber dann müssten wir aufhören, uns den Kamm schwellen zu lassen und als „Erwachsene" durch die Welt zu gehen.

4.
DEN ZAUBER DER LIEBE
LEBEN

Liebe und Angst
oder
Wie der Mensch sein Glück findet

Herr Drewermann, in einem Ihrer Bücher fand ich einen Satz, der mir auffiel: „Es gibt nur zwei Themen, über die zu sprechen sich wirklich lohnt: die Liebe und der Tod."

Es gibt für unser Selbstwertgefühl keine tiefere Kränkung, als dem Tode zu begegnen. Wir Menschen sind die einzigen Lebewesen, die wissen, dass uns jeder Nagel, den wir in die Wand schlagen, durch seine Konsistenz wahrscheinlich überdauern wird. Wir sind haltlose Geschöpfe, denn wir sind die einzigen Wesen, die nicht nur sterben werden, sondern die mit dem Tode leben müssen. Gegen dieses ständige Untergrundgefühl der Beliebigkeit, der Zufälligkeit, der Hinfälligkeit gibt es nur einen einzig wesentlichen Trost: das ist die Liebe. Es muss uns nicht geben. Aber unter den Augen eines Menschen, der uns lieb hat, spüren wir, dass es uns doch geben muss; da wächst ein Gefühl der Berechtigung, ein Empfinden meldet sich, dass wir sein sollen. Und wir können für jemanden da sein, den wir schon deshalb brauchen, um mit uns selber einverstanden zu werden. Einander zu lieben ist so viel, wie unter dem Deich zu leben: Vor dem Deich liegt ein Unendliches an Bedrohungen, an Gefahren, an Stürmen, an Hochwasser – auch an Sehnsucht, an Lust nach Abenteuer. Aber hinter der Deichkrone gibt es diese kleine Parzelle, die uns Grund unter den Füßen gibt, die uns Trost und Schutz und Halt gewährt. Das ist die Liebe. Wir brauchen den andern, um zu entdecken, wer wir selber sind. Gefühle, die wir sonst mit Scham, mit Unfertigkeit, mit Bedürftigkeit, mit Kritik verbinden würden, heben sich in der Liebe des anderen auf, der uns genau so möchte, wie wir sind. Da ist etwas, an dem ich ihn ergänzen kann, wo ich mit ihm eins sein kann, auf dass wir gemeinsam das werden, was nur in wechselseitiger Liebe reifen und sich erfüllen kann. Darum ist die Liebe der wichtigste Trost gegen den Tod.

Im Alten Testament gibt es ein Stück Weltliteratur, das die Überschrift trägt: Das Hohelied Salomos. Da handelt es sich um Wechselgespräche zwischen ihm und ihr, zwischen zwei Liebenden. Und da fand ich eine Stelle, in dem es auch um diese beiden Begriffe geht: Liebe und Tod. Er sagt zu ihr: „Verzaubert hast du mich, Schwester Braut, verzaubert mit dem Blick deiner Augen." Und dann antwortet sie: „Ich gehöre meinem Geliebten, und nach mir geht sein Verlangen. Lege mich wie ein Siegel auf dein Herz, wie ein Siegel an deinen Arm, denn stark wie der Tod ist die Liebe."

Das ist ein wunderbares hebräisches Wort: *Simej kachotam al-libacha* – Lege mich wie ein Siegel auf dein Herz! Das soll doch heißen: Du prägst mich mit deinem ganzen Wesen, so dass ich dich nie mehr vergessen werde. Und es gibt keinen Herzschlag, der nicht in deiner Zärtlichkeit atmen würde. Und wir sind einander so nah, dass es uns nie mehr auseinander reißen wird. – Ich hatte einmal einen langen Diskurs mit einem Moraltheologen, der die Stelle so auslegte: Die Liebe ist stark wie der Tod, aber nicht stärker. Er wollte damit ausdrücken: Auch die Liebe ist vergänglich; das ist Teil des Realismus, den wir anerkennen sollten. Ich sagte: Nein, die Bibel meint es genauso nicht. Die Liebe soll den Menschen trösten gegen eine zynische Macht, die jederzeit die Energie besitzt, Menschen, die für eine Ewigkeit füreinander geschaffen zu sein sich fühlen, auseinander reißen zu können. Der Hebräer denkt immer in Parallelismen. Die Liebe ist stark wie der Tod, das soll heißen: Sie ist so unerschütterlich wie die stärkste Macht, die man sich denken kann, also stärker als alles – selbst viele Wasser löschen sie nicht aus, sagt der Parallelvers, auch nicht der Tod also. Da ist ein Gefühl, das durch keinen Zynismus der Welt, nicht einmal mehr durch den Tod, aus den Herzen der Menschen zu reißen ist.

Dieses wunderschöne Bild von der *Schwester Braut* stammt aus dem alten Ägypten. Es hat ursprünglich mit Geschwisterehe zu tun, ist hier aber ganz und gar seelisch gemeint. Irgendwie besteht die Liebe in dem Empfinden, in dem anderen Menschen jemandem zu begegnen, den man schon immer gekannt hat, wie wenn er im selben Elternhaus oder die Straße gegenüber zur Welt gekommen wäre. Alle Liebenden werden miteinander Gespräche führen darüber, wie schön es doch gewesen wäre, wenn man sich schon in Kindertagen begegnet wäre. Man hätte miteinander gespielt, schon mit fünf und sechs Jahren. Und man schenkt sich einander den Ring der Liebe, weil man das Gefühl hat, man wird zurück begleitet in die Kindheit und fängt im Leben mit dem anderen noch einmal von vorne an. Alles erneuert sich, alles regeneriert sich auf einer höheren Stufe. Die Entdeckung der Liebe ist dann wie ein Aufwachen, so, als ob ein Mensch sein ganzes Leben lang geschlafen hätte. Adam im Paradiese schlägt zum ersten Mal die Augen in dem Gefühl auf, dass er jetzt etwas Wesentliches sieht, das ihn von innen her vollkommen durchpulst. Dies Aufwachen geschieht unter den Augen des anderen Menschen, die wie ein Zauber, wie Magie wirken. Die Biochemiker rätseln immer noch herum, was da wirklich passiert, ob da Phenyläthylamin ausgeschüttet wird. Die Wahrheit ist: Ein Mensch wird auf das Lyrischste von innen her begabt, und er fühlt alles Eigene wie ein Geschenk für den anderen. Und man wird es nicht mehr los.

Obwohl doch jeder zu wissen glaubt, was Liebe ist, wenn man fragt, was denn das Wesen der Liebe sei, dann fällt die Antwort doch schwer.

Man kann die Liebe nicht fixieren. Die christliche Literatur hat sie stark in den Altruismus hineingehoben und als ein Fühlen für den anderen idealisiert. Für mich als Psychotherapeuten macht das einen sehr wesentlichen Unterschied. Als Psychotherapeut ist etwas zu tun, um die Liebe vorzubereiten. Aber es setzt voraus, dass ich den anderen nicht für mich selber will, dass ich nicht einen Anspruch an ihn habe, wo er mir nützen muss, um mich selber zu finden. In der Liebe ist genau dies der Fall. Sie lebt von der wechselseitigen Ergänzungsbedürftigkeit, und sie ist in gewisser Weise ein unverschämtes Glück. Die Kultur zwingt uns, dass wir ständig mit Masken herumlaufen, dass wir uns nicht entblößen – daher auch die Kleidervorschriften, dass wir das Gesicht nicht verlieren oder „im Hemd" dastehen. In der Liebe suchen wir förmlich eine Zone, wo das Schamgefühl sich aufhebt, wo das, was sonst als sehr kritisch erlebt wird, förmlich gesucht wird. Man hat mit einem Mal das Empfinden: Man kann sich dem anderen *ganz* zeigen. Man kehrt zurück in ein vollkommen unschuldiges Paradies, wie wenn man sich als Kinder noch einmal bei der Hand nehmen könnte, und man ginge jetzt gemeinsam in eine unbekannte Welt hinein. Die größte Furcht ist deswegen, dies alles könnte auseinanderbrechen, man könnte den anderen verlieren, dass irgendetwas im Leben passieren könnte, das diese wunderbare Harmonie zersprengen würde.

Um den anderen verlieren zu können, muss man ihn ja erst einmal finden. Ich habe hier diese wunderbare Erzählung „Der kleine Prinz" von Antoine de Saint-Exupéry. Dort gibt es die Stelle, wo der kleine Prinz einen kleinen Fuchs trifft. Der Prinz möchte mit dem Fuchs spielen, aber das Füchslein sagt: Das geht nicht, denn ich bin noch nicht gezähmt. – Der kleine Prinz fragt: Was bedeutet „zähmen"? Zähmen, sagt der Fuchs, bedeutet, sich vertraut machen. – Vertraut machen? – Gewiss, sagt der Fuchs: „Noch bin ich für dich ein Fuchs, der hunderttausend Füchsen gleicht. Aber wenn du mich zähmst, werden wir einander brauchen. Du wirst für mich einzig sein in der Welt, und ich werde für dich einzig sein in der Welt ..."

Das ist das wunderbare Gefühl, dass man das Bedürfnis spürt, sich dem anderen zu öffnen, ihm sein Leben zu erzählen, ihm den Hintergrund der eigenen Gefühle anzuvertrauen. Dadurch gewinnt der andere und man selber in seinen Augen ein Gesicht. Es formt sich eine immer stärkere Individualität heraus.

Jede Diktatur wird die Liebe fürchten, weil sie den Menschen dahin bringt, dass seine Seele Flügel bekommt. Da ist ein Gespür für den Wert, den man als Individuum besitzt. Und das gerade tauscht sich aus. Natürlich ist an jeder Stelle ein wenig Scheu dabei: Wird der andere noch mitgehen? Wird er nicht Grund haben, mich abzuwehren? Wird er nicht erschrocken sein über das, was man ihm jetzt mitteilt? Es ist, was Saint-Exupéry ganz richtig schildert, wie wenn man ein wildes Tier langsam einfängt, langsam an sich gewöhnt, durch sehr vorsichtige Bewegungen einen Raum schafft, in dem es sich selber nicht bedroht fühlt. In dieser Weise ist lieben lernen ein ständiger Angstabbau. Es öffnet sich der Korridor, den man bis dahin um sich gezogen hat, wie hinter einer Bastion, hinter einem Burgwall. Man lässt den anderen ein, bis in den Intimbereich. Das setzt voraus, dass man seine Gegenwart wie etwas Glückseliges erlebt. Genau das Gegenteil von dem: Ich muss dich fürchten, ist: Ich lade dich ein; ich sehne mich nach deiner Nähe. In der Liebe wird die ganze Zeit zu einem ständigen Schwingen zwischen Erwartung und Erfüllung. Darum, sagt Exupéry ganz richtig, braucht die Liebe ihre Zeiten: Wenn du sagst, du kommst um drei Uhr, fange ich an, mich um ein Uhr auf dich zu freuen. Man verabredet bestimmte Riten, bestimmte Zeiten. Immer wieder ist Liebe ein Weggehen ins Eigene, ein Formieren der eigenen Person – und dann wieder die Rückkehr zum anderen, um sich wechselseitig wieder zum Geschenk zu machen.

Und doch wissen wir alle, dass es das gibt, was ich nennen möchte: das Nachlassen, das Abklingen der Gefühle, und dann eben auch eine Phase, wo aus der Gewöhnung eine Phase von Gewohnheit oder sogar Gewöhnlichkeit werden kann. Die Frage ist also: Wie lange bleibt Liebe?

Die Schwierigkeit ist, dass Menschen sich aneinander gewöhnen können, so dass das Unerhörte der Liebe am Ende aus lauter Vertrautheit zum Gewöhnlichen wird. Man verliert die Neugier aneinander. Man beginnt, den anderen in fertige Vorstellungen einzuordnen. Man macht sich von ihm ein fertiges Bild. Und dann gibt es nichts Unbekanntes mehr, ganz im Gegenteil: Man legt den anderen fest auf die Vorstellung, die man von ihm hat. Entweder gibt es dann eine Menge Auseinandersetzungen: der andere wehrt sich gegen die Festlegung, oder er fügt sich viel zu brav darin ein, und dann verliert die Wechselseitigkeit ihre Spannung. Dieser Prozess entsteht besonders dann, wenn man sich in der untergründigen Angst, sich zu verlieren, so stark aneinander klammert, dass sich die Unterschiede einfach wegschleifen. Man sucht dann eine Geborgenheit in völliger Identität: Du bist ja genau wie ich. Aber das wird nicht gehen, denn der andere ist in allem auch immer ganz anders. Man sucht das Verwandte an ihm, die Schwester Braut. Aber man darf nie vergessen, dass der andere als Frau oder als Mann dieselben Dinge noch einmal anders, im günstigen Falle komplementär, erlebt haben wird. Und dieses andere am anderen muss immer wieder vorantreiben zu Neugier, zu einem Suchverhalten.

Was Sie gerade gesagt haben, erinnert mich an ein Zitat, das ich auch in einem Ihrer Bücher fand. Es heißt: „Der Mensch, den man am meisten liebt, ist gerade so, wie man selber ist, bis auf den einen Punkt, dass er in allem ganz anders ist."

So spricht in der Bibel Adam, als er die Frau findet. Die Bibel erzählt in einer Variante des zweiten Schöpfungsberichtes, dass die Frau aus der Rippe des Mannes geschaffen wurde. Sie ist ihm gewissermaßen vom Herzen weggenommen, damit er seinen Herzenswunsch in der Gestalt des anderen wiederfindet. Und diese Spannung: das Eigene im anderen wiederzufinden, damit es zur Ergänzung einer Wunde wird, die sich nur durch die Liebe schließen kann, das macht die Sehnsucht, das macht das Verlangen, die Zärtlichkeit und die Innigkeit der Liebe aus. Sigmund Freud hat ganz richtig gesagt: Die Liebe hat auch mit der Angst zu tun, die darin liegt, einander verlieren zu können. Der Satz: Alle Angst ist Todesangst, lässt sich zwar in dieser Form kaum beweisen, aber dass Angst damit zu tun hat, den anderen verlieren zu können – womöglich durch den Tod, aber schlimmer noch durch die Zerwürfnisse der Liebe – das macht im Untergrund der Seele ein ständiges Erdbeben möglich.

In dem Buch „Zeiten der Liebe" heißt Ihr erster Satz: „Nichts, wenn wir die Art unseres Zusammenlebens betrachten, scheint uns so viel Angst zu machen wie die Liebe."

Es ist paradox. Wir sollten nach all dem Gesagten erwarten, dass die Kultur die Liebe als ihre tiefste Kraft begrüßen würde, als die Energie der Vermenschlichung. Stattdessen sehen wir die Kultur in aller Regel auf Kriegsfuß mit der Liebe. Die Kirche etwa lehrt, dass die Liebe Gott selber sei. Ich weiß nicht, ob sie damit Recht hat, aber dass wir in der Liebe das tiefste Gefühl für das bekommen, was uns Sinn verleiht, was uns aufrichtet, das scheint mir evident zu sein. Dennoch fürchtet die kirchliche Moral am allermeisten die Liebe, wie wenn sie der Tod selber wäre. Wir haben eine Moraltheologie, die erklärt: Die Liebe darf eigentlich nur glücklich werden zur Fruchtbarkeit, zur Fortpflanzung. Sexualität in der Ehe soll immer offen bleiben für die Vermehrung der Menschen. Vielleicht stehen wir in einer Zeit, wo wir begreifen, dass dieses Denken aus der Vorzeit stammt und sich nicht nur erübrigt, sondern allein schon durch die Überbevölkerung auch gefährlich werden kann. Wir sind zum ersten Mal dabei, die Liebe von allen Zwecken abzukoppeln, die über sie hinausgehen. Wir stehen kulturgeschichtlich an einer Schwelle, wo wir begreifen: die Liebe ist ein Wert in sich selber. Der geliebte Mensch an unserer Seite ist ein Selbstzweck in sich. Eine Frau ist nicht nur dazu da, Kinder zu gebären. Der Wunsch nach einem Kind ist ein zusätzliches kostbares Geschenk, aber er muss sich entwickeln dürfen. Insofern begreifen wir zum ersten Mal, dass wir der Liebe nicht immer wieder Käfigstäbe in den Weg stellen dürfen, dass wir sie in gewissem Sinne mit entängstigen müssen. Das Paradox der Liebe aber ist: Gerade, indem sie so tief geht, in unsere Kindheit zurück, in unsere eigene Vergangenheit, werden sich nicht nur die Glücksmomente, das Sehnsuchtsverlangen der Kindheit erneuern, sondern auch die Ängste, die wir als Kinder bereits durch die Ungenügendheit unserer eigenen Eltern erlebt haben. Die Mutter war nicht da, wenn wir sie gebraucht hätten. Sie war überlastet in Situationen, für die sie selber nichts konnte, das Kind aber auch nicht. Der Vater war vielleicht über lange Zeit abwesend. Oder die Mutter verstarb sehr früh.

Vor Jahren gab es einen Film von österreichischen Psychologen, der mich sehr beeindruckt hat. Man zeigte sieben Monate alte Kinder mit drei verschiedenen Geschichten: Kinder, deren Mütter im Kindbett gestorben waren und die ins Heim gegeben worden waren; Kinder, die sich ganz normal entwickelt hatten; und schließlich Kinder, die man im Alter von zwei, drei Monaten den Eltern hatte wegnehmen müssen. Die Kinder saßen alle in der gleichen Situation, spielend vor

Bauklötzchen. Die eine Gruppe der Kinder saß da wie apathisch. Die Bauklötzchen hatten keinerlei Aufforderungswert. Die Welt dieser Kinder war völlig leer geräumt. Das waren die Kinder, die ihre Eltern nie hatten kennen lernen können. Andere Kinder spielten mit den Klötzchen, wie man es von Kindern erwarten konnte, die einigermaßen glücklich sind. Am erschütterndsten war die Gruppe der Kinder, die nach etwa zwei, drei Monaten von ihrer Mutter getrennt worden waren. Sie spielten nicht mit den Klötzchen, sie schauten die ganze Zeit auf den Aufnahmeleiter. Sie wollten gewissermaßen prüfen: Wird der jetzt auch weggehen wie meine Mutter? – Mit einem Wort: Ein Kind wird sich erst einem Gegenstand im Raume zuwenden können, wenn ein Vertrauen vorhanden ist, das durch eine andere Person vermittelt wird. Und so lange wird es auf die Suche gehen nach dieser Person, der es vertrauen kann und die ihm die ganze Welt öffnet. Das ist bei uns Erwachsenen der Partner unserer Liebe. Dieser holt alles Vertrauen, aber auch alle Angst aus Kindertagen wieder hervor. Das kann manchmal anfallartige und ganz groteske Züge annehmen.

Eine Frau erzählte mir davon, dass sie zu ihrer Überraschung geradezu in Panik geraten ist, als ihr Mann sie das erste Mal über ihren Rücken streichelte. Sie lagen zusammen, sie waren beide sehr zärtlich. Dann kam diese Bewegung. Der Mann verstand natürlich nicht, warum die Frau plötzlich wie versteinert war und sich von ihm immer mehr zurückzog. Sie begriff sich auch nicht. Es hat nicht lange gedauert, dass wir merken konnten: das Gestreicheltwerden über den Rücken erinnerte diese Frau an die Schläge auf den Rücken in Kindertagen. Der ganze Rücken war die Angriffsfläche einer Strafe. Der Mann rührt, indem er zärtlich sein will, an die Schmerzen einer Frau, der man als Kind immer wieder Angst vor Strafe förmlich eingebläut hat. Doch es geht gar nicht anders: Der Partner kann das Vertrauen der Liebe nur erzeugen, indem er alle Ängste aus Kindertagen wegliebt.

Solche Beispiele zeigen, dass wir in der Liebe immer wieder den anderen auch deshalb aufsuchen, damit er uns bei der Hand nimmt und alles noch mal durchgeht, was wir an der Seite von Vater und Mutter erlebt haben. Je mehr der Vater damals fehlte, wird eine Frau in ihrem Mann einen Ersatz dafür suchen. Und oft fügt sich große Hoffnung, große Sehnsucht darein, und der Mann wird mit einer Aura von hoher Wertigkeit umgeben, aber es ist auch eine große Enttäuschungsbereitschaft vorhanden: Wird er wieder weggehen? Wird er wirklich durchhalten? Oder verliere ich ihn? Das Paradoxe an solchen Konstellationen ist, dass durch die alte Angst, die man selber kaum begreift und die der andere zu verstehen kaum eine Chance hat, die Liebe langsam zerfasern kann.

Was geschieht denn überhaupt bei zwei Menschen, die sich einmal geliebt haben und die eines Tages feststellen: die Liebe ist uns abhanden gekommen. Und dann kommt vielleicht der eine Partner zu Ihnen in die Sprechstunde und sagt: Wir verstehen uns nicht mehr, oder: Wir haben uns gar nichts mehr zu sagen.

Ein Drittel aller Ehen werden heute geschieden, und immer noch gibt es Moraltheologen und Juristen, die den Menschen, die schon genug gelitten haben und oft lange gekämpft haben um ihre Liebe, dies vorwerfen, als wären sie nur Freibeuter und Piraten der Gefühle. Ich kenne überhaupt keine Menschen, deren Beziehung gescheitert ist, die damit zynisch umgehen könnten. Jeder, der dem andern die Liebe verspricht, möchte mit ihm glücklich werden, bis dass der Tod sie scheidet. Aber dann kann der Tod der Liebe früher eintreten als gedacht. Eine Ursache dafür ist oft, dass man sich viel zu früh festlegt. Ehen, die sehr früh geschlossen wurden, sind oft wie eine Flucht ins Freie. Nehmen wir an, das Elternhaus war unglücklich genug, und das Mädchen mit 17, 18, wollte eigentlich nur weg, in eine andere Welt; dann trifft es einen jungen Mann, der ihm einfach dadurch, dass er eine Alternative bietet, diese andere Welt zu verkörpern scheint. Nun ist man 18, liebt einander in diesem Zustand, und aus lauter Angst – es muss ja gut gehen, man darf nicht wieder alleine auf der Straße stehen – dann entsteht die Gefahr, dass man sich in dieser Position festschreibt und sich nicht weiterentwickelt.

Oder nehmen wir ein Mädchen, das den Vater zu früh verloren hat oder den Vater nur in einer Weise kennen gelernt hat, dass es ihn nicht lieben konnte. Er war vielleicht Alkoholiker und ein Wüstling oder ging fremd oder misshandelte die Mutter. Kurz: Sie hat einen älteren Mann kennen gelernt, sagen wir als 18-jährige einen 35-jährigen, als Vaterersatz. Gewusst hat sie es aber so nicht; sie hat nur gehofft, dass da endlich ein Ort ist, an dem sie richtig leben kann. Dann wird dieser ältere Mann wahrscheinlich diese junge Frau festschreiben in der Form, die er an ihr liebenswert findet. Die beiden werden schwerlich begreifen, dass die Ehe oder das Zusammensein überhaupt nur in einer langen Entwicklung gelingen kann. Gerade weil die Liebe so stark ist, wird die Frau ja auch an Selbstbewusstsein gewinnen. Sie wird nicht immer das suchende Mädchen bleiben. Sie wird irgendwann eine Frau sein wollen. Das gesamte Gefüge der Ehe müsste sich zu Gunsten einer viel stärkeren Partnerschaft ändern. Das Dominanzgefälle müsste sich auflösen. Die Frage ist: Kann der jeweils andere Partner diese Entwicklung wirklich begrüßen und mit empfinden? Dann kann es plötzlich so kommen, dass man sprachlos wird: der andere hat sich geändert. Dagegen kämpft man eine Weile an, dann erlebt man: der andere versteht das nicht, der will die Maßschneiderei nicht länger an sich dulden. Dann bricht alles auseinander. Beides also kann sein: man schreibt die Rollen fest in Langeweile; man verliert die Neugier; man wiederholt sich nur in alten Schemata – oder man verträgt die Veränderungen nicht.

Aber manchmal ist es auch so, dass ein Partner dem anderen sagt: Du musst dich ändern! Und der andere sagt dann: Nicht ich, du musst dich ändern.

Das ist dann der Fall, wenn man dem andern vorwirft, dass er ist, wie er ist, nur weil man sich selbst geändert hat. Ich muss hinzufügen, dass diese Änderungen oft sehr stürmisch einbrechen können. Viele Menschen sind genötigt, gewissermaßen die zweite Lebenshälfte aufzunehmen, wenn die erste noch lange nicht abgeschlossen ist. Ich kenne viele Frauen, die eigentlich gar keine Mädchen sein durften, sondern ganz schnell erwachsen werden mussten. Und eh sie dann Frau sein durften, mussten sie schon wieder Mutter sein. Sie haben sich selber ständig in der Woge der Entwicklung überholen müssen. Oder man musste mit dreißig einen akademischen Titel haben, einen fertigen Beruf haben. So hat man dann geheiratet und war Mediziner geworden. Man hat alles erreicht, und nun gibt es einen Zehn-Stunden-Tag, man lebt miteinander wie auf einer Treibjagd. Das mag vielleicht 20 Jahre gut gegangen sein. Nun gehen die Kinder aber aus dem Haus. Oder man lernt plötzlich irgendeinen anderen Menschen kennen, der all das verkörpert, was in diesem Tempo untergegangen ist, was einfach überlaufen wurde. Man spricht in der Psychologie dann gerne von Anima- oder Animus-Liebe. Man meint damit, dass man unter der sozialen Anpassungsrolle in sich eine männliche oder eine weibliche Seele trägt, die als unbrauchbar verloren ging, und die Person des anderen ist wie der Seelenträger all der nie gelebten Seiten an sich selber. Solche Beziehungen sind tatsächlich von einer unglaublichen Magie. Man weiß nicht, was geschieht. Es passiert plötzlich der Einbruch von etwas völlig Neuem, und der Bestand der Ehe ist jetzt sehr in Frage gestellt.

Die Unterzeile dieses Kapitels lautet: Wie der Mensch sein Glück findet. Wenn wir das nun als Frage nehmen, wie könnte eine Antwort heißen?

Das Paradoxe ist, dass uns die Gesellschaft beibringt, wir brauchten alles mögliche, um glücklich zu sein. Man muss Glück haben, ist schon das erste, was so viel ist wie das Leben als Lotteriespiel, wie sechs Richtige. Oder man müsste bestimmte Dinge erwerben, denn durch das Haben könne man Glück zum Ausdruck bringen: Wohlstand etwa, Machtbesitz, Titel, die man vorzuzeigen hat. Die Liebe besteht eigentlich darin, all diese Dinge für überflüssig zu erklären. Ich kenne viele Frauen, die ihre Männer aufgehört haben zu lieben, weil diese ständig darum buhlten, geliebt zu werden. Man hat ihnen beigebracht: Du wirst nur geliebt, wenn du ganz tüchtig bist in der Schule, im Beruf, in der Firma. Wenn du raketenförmig die Karriere durchläufst, dann bestaunen und bewundern dich alle. Die Frau aber fühlt sich terrorisiert. Sie spürt, dass ihr Mann dauernd woanders ist. Er ist überhaupt keine Person, er ist nur ein Funktions- und Rollenträger. Er vernichtet die Liebe gerade auf dem Wege, auf dem er sie zu erringen hofft. Er wird am Ende sehr unglücklich bei diesem absurden Bestreben, sein Glück zu machen.

Die Liebe besteht im Grunde in dem Empfinden, dass man überhaupt nichts machen muss. Da zu sein, ist unendlich kostbar. Das größte Geschenk ist, miteinander zu leben, buchstäblich; einander zuzuhören; einander die Worte zu schenken, die bis dahin noch gar nicht sagbar waren; Gefühle zu ermöglichen, die bis dahin wie unterdrückt waren. Für viele Liebende ist es wie eine Offenbarung, dass es auf einmal kein Schamgefühl im eigentlichen Sinne mehr geben muss. Man hatte gelernt, dass man so nicht sein darf, dieses oder jenes nicht tun darf. Immer musste man sich schämen. Wie man als Mädchen schon aussah, war es nicht richtig. Wie man als Mann sich äußerte, war es zu blöde. Die Liebe entdeckt nun, dass man gerade in dem, was scheinbar immer wieder vermieden werden musste, doch sein darf. Die Liebe ist ein Freispruch, eine endgültige Zusage: du darfst, du kannst, ja in gewissem Sinne: du musst so sein, wie du bist!

Das ist das ganze Glück. Es ist so viel, wie wenn die Sonne mit ihren Strahlenfingern über die Gärten geht und alle Blumenknospen wach streichelt. Sie tut nicht mehr, als dass sie Wärme schenkt. Das ist die Liebe. Sie weckt das Leben in der ganzen Fülle. Und Glück ist – richtig und energisch von Innen her – so zu leben, dass es stimmt.

Aschenputtel
oder
Das Warten auf den Märchenprinzen

*Eines der bekanntesten Märchen überhaupt ist das Märchen
vom Aschenputtel. Es gibt Menschen, die ihr ganzes Leben
von früher Jugend auf als ein Aschenputtel-Dasein empfinden. Was ist bei solchen Menschen schief gelaufen?*

Das lässt sich so ohne Weiteres kaum beantworten. Dass gerade das Motiv vom Aschenputtel weltweit verbreitet ist,
zeigt ja, dass in jedem von uns das Thema eine gewisse Resonanz erzeugt. In jedem von uns gibt es bestimmte Bereiche,
die nie wirklich entdeckt wurden, wunderbare Bereiche, eigentliche Kostbarkeiten, die in Kindertagen irgendwie verloren gingen. Und nun besteht die große Hoffnung, irgendwann
wäre es möglich, dies alles wieder zum Leben zu bringen.

Es gibt zwei verschiedene Formen, mit dem Aschenputtel-
Motiv umzugehen. Das eine ist der *American Way of Life*:
Du bist in der Bronx zur Welt gekommen, du bist ein Schuh-
putzer, aber du kannst aufsteigen und ein Multimillionär im
Ölhandel werden. Es kann sein, du bist das Kind eines Alko-
holikers, aber – wir haben es schon erlebt – du kannst Präsi-
dent der Vereinigten Staaten von Amerika werden. Es kann
sein, dass du dich mit zehn Jahren in irgendeinem Hinterhof
rumgeprügelt hast, aber aus dir kann ein *World Champion*
im Boxen werden. Du musst nur an dich glauben, du musst
hart sein, du musst stark sein – und du kommst nach oben!

Die Geschichte der Brüder Grimm vom Aschenputtel und
in den vielen Märchenvarianten, in denen es auftaucht, ist
dazu vollkommen konträr. Wenn es eine Form gibt, das
Menschliche zum Leben zuzulassen, gerade die verdeckten

Seiten der eigenen Person, kann das nur durch Liebe geschehen. Das ist die Hoffnung des Aschenputtel-Märchens: Irgendwo fände man einen Ort, an dem man leben dürfte, wo man zugelassen wäre, wo man in dem eigenen Wert wirklich entdeckt und geliebt würde. Tatsächlich erlösend kann nur die Liebe sein. Das ist der Traum im Grunde jedes Märchens, aber in der Geschichte vom Aschenputtel besonders.

Bei den Brüdern Grimm beginnt das Märchen mit dem Satz: „Einem reichen Manne, dem wurde seine Frau krank." Und wir wissen, wie es weiter geht: Der Vater heiratet wieder. Er heiratet eine Frau, die schon zwei Töchter hat, das sind dann die beiden Stiefschwestern. Das, was alles auslöst, ist aber der Tod der Mutter des Aschenputtel – ehe es ein Aschenputtel wird.

Das ist sehr wichtig, dass man Märchen nicht nach einem allgemeinen Schema interpretiert, sondern dass man sich genau ansieht, welcher Werdegang beschrieben wird. Die Brüder Grimm erzählen von dem Schlimmsten, was einem Kind überhaupt passieren kann: seine Mutter stirbt. Der Tod der Mutter ist ein ganz dramatisches Erleben. Das zeigen bereits Beispiele aus dem Tierreich. Mir liegt immer wieder daran zu zeigen, dass auch Tiere fühlende Wesen sind. Jane Goodall, die englische Schimpansenforscherin, hat einmal dokumentiert, wie ein Schimpansen-Junges mit etwa fünf Jahren erlebt, dass die Mutter noch ein weiteres Junges zur Welt bringt. Es ist sehr eifersüchtig auf das neue Junge. Die Mutter ist aber schon sehr entkräftet, und sie stirbt nach der Geburt des Jungtieres. Das Schimpansen-Junge verkriecht sich daraufhin in den Baumwipfeln, baut sich da oben ein eigenes Nest und kommt nicht mehr hervor. Die Gruppe entfernt sich – und das Schimpansenkind stirbt aus Traurigkeit.

So ähnlich erlebt ein Kind, wenn die Mutter stirbt. Niemand hat das tiefer empfunden als der norwegische Maler

Edvard Munch in dem Bild: Der Tod der Mutter. Da steht ein Mädchen, die kleinen Fäuste in die Ohren gestemmt, wie um den eigenen Klageschrei nicht zu hören. Im Hintergrund sieht man aufgebahrt eine vollkommen entkräftete Frau, ihre Haut so bleich wie das Bettlaken. Die Augen des Mädchens richten sich auf den Betrachter, und es ist als wenn sie da durchfallen würden, ins Nichts hinein. Jeder, der dieses Bild sieht, begreift: diese Mutter hätte diesem Kind niemals sterben dürfen. Edvard Munchs Schwester, die dieses erlebt hat, ist später lebenslänglich depressiv geworden, und die Ärzte sprachen von endogener Psychose. Es ist der Dichter und Maler Edvard Munch, der sieht: Hier ist etwas geschehen, was dieses Kind nie verstehen wird. Niemand wird ihm erklären können, was passiert ist. Die Geschichte der Brüder Grimm ist darin noch viel subtiler, dass die Mutter langsam Abschied nimmt. Sie tut das einzige, was eine sterbende Frau ihrem Kinde mitteilen kann, sie sagt dem Mädchen: „Sei gut und fromm, und ich werde bei dir sein." Dieses Kind ist noch klein, aber die ganze Lebensbahn scheint schon vorgezeichnet zu sein.

Tatsächlich kenne ich aus den Beschreibungen Menschen, Frauen, denen es so gegangen ist: die Mutter starb, da war man sechs Jahre alt, acht Jahre alt. Es war ein vollkommener Schock. Die ganze Welt bricht plötzlich auseinander – und es bleibt nur der Vater. Es entsteht dann die Frage, wie er damit umgehen wird.

In unserem Märchen bewältigt der Vater die neue Situation dadurch, dass er für das Kind eine Ersatzmutter beschafft, indem er – wie schon gesagt – eine andere Frau, die selber schon zwei Töchter hat, heiratet. Er versucht also doch, seinem Kind eine neue Mutter zu geben.

Der Mann tut eigentlich das, was vernünftig ist, und schaut man sich das genau an, ist es zum Vorteil von allen: Der Mann ist reich und er hat eine Tochter; er heiratet eine Frau mit zwei Töchtern, nun sind sie alle versorgt. Eine Vernunft-ehe schlechterdings. Die Frage ist, wie kann ein solches Mäd-chen, das zu einem Aschenputtel wird, dieses Arrangement aufnehmen? Übers Jahr, kaum dass der Schnee von den Feldern ist, heiratet der Mann schon. Das Aschenputtel ist ganz und gar mit der Trauer um seine Mutter beschäftigt. Das ist seine Art, sich moralisch zu akzeptieren, zu spüren, dass man doch ein „gutes Kind" geblieben ist. Also wird es den Vater wie einen Treulosen sehen. Die Mutter liegt im Grab, aber der Vater geht, kaum dass der Schnee geschmolzen ist, zu einer anderen Frau und verrät die Mutter.

Nehmen wir an, wir haben eine Frau vor uns, die Stiefmut-ter, die wirklich bemüht ist, das Aschenputtel zu versorgen und glücklich zu machen. Sie wird die Erwartung hegen, dass die Stieftochter dafür dankbar zu sein hat. Aber das Kind kann in Wirklichkeit gar nicht dankbar sein; es leidet zu sehr an dem Verlust seiner Mutter. Es wird auch der Stiefmutter nicht glau-ben, dass sie es wirklich lieb hat. Kurz: Beide kommen nicht zusammen. Das Aschenputtel wird seine Identität verteidigen und sich weigern, in der neuen Konstellation glücklich zu sein. Aber die Stiefmutter wird das als Stolz empfinden. Und das ist nicht ganz verkehrt, denn in Aschenputtel lebt ein mora-lischer Anspruch. Man müsste eigentlich seinen Stolz brechen und ihm sagen: Höre endlich auf, an deine erste Mutter zu denken! Aber genau das kann kein Kind. Das Aschenputtel wird jetzt nichts weiter tun, als nach außen hin alle Befehle zu erfüllen. Und je mehr man es demütigt, desto deutlicher wird ihm, dass ihm Unrecht geschieht. Je ärger es die Stief-schwestern und die Stiefmutter treiben, desto stärker wird sein Selbstbewusstsein. Mit anderen Worten: Der Konflikt kann sich nur ausdehnen. Wir haben nach außen hin eine Person, die Dienstmagd-Funktionen übernimmt, die herun-ter gedrückt und in jeder Weise schikaniert wird. Aber im Inneren ist das Aschenputtel eine Person, die darauf wartet, dass man entdeckt, welche Kostbarkeiten in ihr liegen.

Steht die Stiefmutter also schon von Anfang an auf verlore-
nem Posten und bekommt sie in den Augen des Aschen-
puttels keine Chance, als eine gute Mutter dazustehen? Aber
die wirkliche Mutter, die leibliche Mutter – wie muss die
beschaffen sein? Die Mutter von Aschenputtel: War sie eine
gute Mutter in dem Sinne, dass sie für das Aschenputtel
wohltuend war? Oder resultiert vielleicht ein Teil des Prob-
lems aus dem Verhältnis des Aschenputtels zu seiner leib-
lichen Mutter, weil es von ihr überversorgt war, weil es durch
die allzu große Liebe der Mutter fast erdrückt wurde?

Das eine ist ganz sicher: Die Stiefmutter müsste das Aschenputtel zu einem anderen Leben förmlich „verführen". Es
müsste seine eigene Identität auflösen. Es müsste den moralischen Anspruch an sich selbst, ein gutes und frommes
Kind zu sein, wie die leibliche Mutter es gewollt hat, nach und
nach aufgeben. Und dagegen wehrt sich das Aschenputtel. Es
ist alt genug, sich gegen diese Korruption des Besten, was es
ist und fühlt, zu wehren. Aschenputtel hat an seiner Mutter
gehangen. Dass diese Mutter starb, ist ein einziges großes
Unglück. Jedes Kind, das seine Mutter verliert, wird das wie
eine persönliche Schuld erleben: Was hat man nur getan,
dass es dahin kommt, und wie kann man das wieder gut machen? Jeder, der einen Menschen liebt, wird sich solche Fragen stellen. Aber hier haben wir ein Kind, das eigentlich das
Leben der Mutter retten müsste, um selber leben zu können.
Das ist der Einstieg in die Aschenputtel-Rolle.

Aber meine Frage hieß auch: Wie muss eine gute Mutter be-
schaffen sein, damit sie in jeder Weise für ihr Kind wohl-
tuend ist?

Viele Frauen haben gelernt, als Mutter ihre Pflichten zu erfüllen –, man muss da sein für das Kind und so weiter. Das
Beste, was eine Frau ihrem Kinde tun kann, ist zu zeigen, wie

sie selber glücklich ist, wie sie als Frau lebt, wie sie mit sich einverstanden ist. Es kann einem Kind nicht gut tun, wenn man sich für das Kind opfert, wenn man das eigene Maß, auch das eigene Lebensbedürfnis ständig überschreiten muss. Aber die Tragödie in der Geschichte von Aschenputtel ist, dass die Mutter rein physisch selber nicht leben kann und das Aschenputtel deswegen eingeflochten wird in eine Beziehung, aus der es im Grunde nie mehr raus kommt – es sei denn, ein Erlöser käme. Aschenputtel braucht ein Gegenüber, das es durch seine Liebe umfängt als das Mädchen, das mit seiner Liebe zu der Mutter alles bewahrt, was es mal war, und sich zum Glück hin verändert. Wie das möglich ist, das ist die eigentliche Problemstellung dieses Märchens.

In dem Märchen beginnt die Problemlösung damit, dass der König auf die Idee kommt, in seinem Schloss ein großes Fest zu veranstalten. Sein Sohn, der Prinz, soll sich bei dieser Gelegenheit eine Braut aussuchen.

Eine Frage ist: Was eigentlich macht uns Männer in den Augen einer suchenden Frau zu einem Prinzen? Dieses Märchen erzählt den Werdegang. Das Wesen des Aschenputtels entwickelt sich paradoxerweise am Grabe seiner Mutter. Zur Königshochzeit möchte es natürlich wie die Stiefschwestern, die es im Übrigen einzukleiden hat, die es vorbereiten muss. Die Stiefmutter erklärt ihm: Du kannst nicht zu des Königs Fest! Du bist nichts, du hast keine schönen Kleider, und du würdest uns blamieren! Aber dann spaltet sich die Rolle: Vom Wünschebaum auf dem Grabe der Mutter bekommt es wunderschöne Kleider herabgeworfen. Täubchen sind dort, seelenreine Täubchen, die es umstrahlen mit Schönheit. Und wir haben jetzt ein Mädchen, das zu einer wunderbaren Gesellschafterin wird, das äußerlich schön ist, das andere erfreuen kann und sich lustig zu unterhalten weiß.

Mitunter denkt man, Menschen, die depressiv geworden sind, könnte man daran erkennen, dass sie immer das Taschentuch mit sich führen und griesgrämig herumlaufen. Keinesfalls! Depressive Menschen sehen nach außen oft strahlend aus, sie erscheinen „pflegeleicht" und lachen häufig. Es dauert oft lange und es braucht sehr viel an Sensibilität zu merken, welche Tränenbereitschaft hinter dieser Art des Lächelns steht. Der Königssohn aber glaubt die Rolle der Tänzerin, die er in seinen Armen wiegt. Der Tanz ist in der Kulturgeschichte Europas sehr zwiespältig: Man hält sich einander in den Armen, man spürt den Atem des anderen, man hört das Flüstern seines Mundes, man fühlt das Wiegen seines Körpers, man genießt die Zärtlichkeit seiner Haare. Der Tanz kann die äußerste Nähe bedeuten – und trotzdem hat er noch nichts an Verbindlichkeit. Es wäre am Ende möglich, dass der Königssohn dem Aschenputtel sagen würde: „Madame, ich danke Ihnen für das Plaisir dreier Nächte." Auch das Aschenputtel selber ist so doppeldeutig: Es möchte die Liebe des Königssohns, es fühlt sich in seinen Armen geborgen – und trotzdem ist eine ungeheure Angst da, entdeckt zu werden. Es spielt ja nur die Frau, die nach außen hin alles verspricht. Was ist, wenn der Königssohn entdeckt, wer man wirklich ist?

Übertragen auf das reale Leben, entdecke ich oft, dass Frauen – Männer natürlich auf ihre Art ebenfalls – dem anderen zu imponieren suchen mit bestimmten Fähigkeiten, die sie haben – mit Freundlichkeit, mit dem Lächeln, das sie aufbringen, mit dem Amüsement und dem Versprechen, dass sie das Leben so schön einrichten, wie sie können. Und dann beginnt die Angst: Bin ich aber auch gut genug? Gerade weil man einen Vaterersatz gesucht hat, hat man womöglich sehr hoch gegriffen. Hält man dem Stand?, alleine durch den sozialen Unterschied! Ist man gebildet genug? Drückt man sich richtig aus? Ständig ist da eine Angst.

Das Märchen beschreibt, dass diese Flucht vom Königshofe weg immer wieder in bestimmte Sicherungsräume führt. Und ich denke manchmal, das spielt sich mitten in der Ehe ab. Aschenputtel flieht aus den Armen des Prinzen als erstes in den Taubenschlag. Und man muss denken, so kann es sein: Es bewahrt – im Bilde der Taube – seine Seelenunschuld. Die Liebe wird gewissermaßen asexuell. Es ist eine Beziehung in vollkommener Reinheit, Unberührtheit. Beim zweiten Mal flieht Aschenputtel auf den Birnbaum im Garten. Und man muss denken, auch diese Rolle ist für viele Frauen wie auf den Leib geschrieben, ganz buchstäblich. Vor vielen Jahrzehnten gab es sogar mal einen Test: Wenn eine Frau einen Baum mit vielen Birnen daran malt, interpretierten die Psychologen es so, dass diese Frau auf der Suche nach ihrer Mutter sei und mit der Rolle der Mutter identisch sei. Kurz: Wie viele Frauen gibt es, die einen Königssohn heiraten möchten, aber dann in die Mutterrolle hineinflüchten! Sie haben in gewissem Sinne nie lernen dürfen, wie man als Frau lebt. Und nun spielt man beide Rollen: die häusliche Dienstmagd, die dem Manne alles bietet, was er will, und die Mutter des Kindes, das man sich erwünscht. Aber als Partnerin des Ehegatten kommt man im Grunde kaum in Frage.

Am dritten Abend nun kommt der Königssohn auf die Idee, die ganze Treppe im Schloss mit Pech bestreichen zu lassen – und daran bleibt der linke Schuh des Aschenputtels hängen. Von daher steuert sich nun gewissermaßen der ganze Märchenkahn richtig in die Strömung. Die Frage heißt: Was kann der Königssohn tun, um die Geliebte, die ihm in den Armen lag, deren Schönheit er gesehen hat, deren Nähe ihm so angenehm war, dass es alles zu bedeuten schien, wieder zu finden in der ganz anderen Rolle?

Das Aschenputtel – dreimal flüchtet es aus dem Königsschloss, also das Motiv der dreimaligen Flucht! Könnte es sein, dass das Aschenputtel deshalb flüchtet, weil es vielleicht Angst hat, dass es den Königssohn letztendlich nicht gewinnt

und die Stellung zu Hause, so gedrückt sie auch sein mag,
dann ganz verliert?

Es ist sicher auch die Angst, die Rolle zu verlieren, in die man bisher hineingewachsen war. Das Allerschlimmste aber ist, in der eigenen Armseligkeit entdeckt zu werden, sich bloßgestellt zu sehen und den Ansprüchen, die man selber erzeugt hat, nicht gewachsen zu sein. Eine Frau erzählte mir das einmal in dieser Weise: „Sie müssen sich vorstellen, ich habe die Liebe gelernt in den Dreigroschenromanen am Bahnhofskiosk. Ich habe das alles geglaubt: die Geschichten von dem Förster, der irgendwo eine Dorfschönheit entdeckt. Oder der Chefarzt, der irgendein Putzmädchen lieb gewinnt. Das war meine Welt. Ich war ja nichts weiter als eine solche Putzmagd. Und ich habe mich nach einer vollkommen anderen Welt gesehnt." Aber gleichzeitig war in dieser Frau eine ständige Angst: Was wird sein? Ich bin nicht gebildet, ich habe nie eine höhere Schule besucht. Bin ich auch schön genug? Werde ich nicht schon älter? Wer bin ich eigentlich, dass ich liebenswert bleibe? Habe ich die Beziehung nicht auf falsche Grundlagen gestellt? Was wird sein, wenn mein sozialer Hintergrund erkannt wird? Dann kann ein „Königssohn" mich nicht mehr lieben. Aber andererseits würde gerade ein Königssohn gebraucht, eine Vater-Ersatzgestalt, die die ganze Kindheit noch einmal durcharbeitet und aufarbeitet.

Ich glaube, so ist die Liebe überhaupt, es geht gar nicht anders. Man fängt an, sich zu verlieben, und man entdeckt, gefühlsmäßig, dass das ganze Leben wie ein unbekannter Ring war, der nun sich zu schließen beginnt. So als wären in den Jugendjahren die Wege auseinander gegangen und führten jetzt wieder zusammen. Die Liebe kann nicht anders, als dass man sich zurückträumt: Was wäre gewesen, man hätte schon in Kindertagen einander bei der Hand nehmen können? Und man will das alles noch einmal durchgehen. Jedes Wort, das der andere sagt: Mutter oder Vater oder Haus oder

Schule oder Kirche, jedes Wort ist ja in seiner Welt anders besetzt, mit anderen Erfahrungen, mit anderen Assoziationen, und man muss sie alle kennen lernen. Alles, was der andere sagt, ist wie eine Einführung in eine unbekannte Welt, und man muss alles einzeln kennen lernen und sich vertraut machen. Es ist nicht möglich, einander zu lieben, ohne die ganze Kindheit mit zu empfangen. Darum kann ein Aschenputtel, das so sehr darunter leidet, keine Mutter zu haben und auch keinen wirklichen Vater mehr, sich eigentlich nur in einer Liebe trösten, die ihm beides wiederschenkt: Vater und Mutter. Und das Problem ist jetzt: Wie kann das Aschenputtel aufhören, bei der Suche nach dem ganz Großen nur das kleine Mädchen zu sein? Und wie kommt der Königssohn davon runter, nur ein so hoch gestellter Angebeteter zu sein? Wie kommen die beiden auf einer Ebene partnerschaftlich zusammen?

In unserem Märchen, so scheint es mir, geht es auf dem Weg dahin um die Intervalle von Abwarten und aktivem Handeln. Am Anfang ist das Aschenputtel sehr aktiv; es lässt sich ja eine Menge einfallen, um zum Fest des Königs hinzukommen. Dann wartet es ab. Und indem es wartet, kommt dann der Königssohn, der jetzt die aktive Rolle spielt. Er sucht seine schöne Tanzpartnerin und findet sie in der Gestalt des Aschenputtels.

Das Märchen schildert tatsächlich ein Aufeinanderzugehen. Der Königssohn muss aus dem festen Bereich seiner Schlossburg heraus. Er muss die Welt, in der er groß geworden ist, genauso verlassen wie das Aschenputtel die armselige Küche verlassen muss. Und der Königssohn stellt einen Anspruch. Er hat von seiner Geliebten im Grunde nur den Schuh übrig behalten. Nun geht er auf die Suche nach dem richtigen Maß. Zu wem passt dieser Schuh? Es ist die Rolle der beiden Stiefschwestern, die möglichen Irrtümer an dieser Stelle zu markieren, denn die denken, man kann sich ja passend machen. Man kann, sagt die Stiefmutter, vorne die Zehe abschneiden oder hinten die Hacke abhauen, dann wird der Schuh passen. Aber so geht es eben nicht. Entscheidend wird, dass Aschenputtel sein eigenes Format wirklich von innen her ausfüllt und den Platz einnimmt, auf den es Anspruch hat. Es ist ja sein Schuh! Es muss buchstäblich nur in das hinein wachsen, was es der eigenen Form nach selber dargeboten hat.

Ich kenne eigentlich unter den Märchen kaum eines, das so intensiv, so leidenschaftlich um Liebe ringt wie dieses. Denn es bedeutet ja, dass der eine dem anderen sagt: „Bitte, sag mir all das, was in dir lebt, was nie hat leben können. Zeig mir all deine Tränen, bei mir musst du dich nicht schämen. Offenbare mir alles!" Das ganze Glück der Liebe liegt darin, dass man nackt sein darf voreinander, ohne sich schämen zu müssen, ohne irgendetwas verstecken oder verschweigen zu müssen. Wann hat man so viel Vertrauen, dass man dem anderen all das zeigt, wie man groß geworden ist, wie man gekränkt wurde, wie man verletzt wurde, wie viele Verformungen es gab! Wird das alles nicht durchgesprochen, wird die Angst und die Fluchtbewegung voreinander nie aufhören, dann bleibt ein nicht zu überbrückender Abstand. Der Königssohn will das Aschenputtel unbedingt sehen, und jetzt geht es hin und wäscht sein Gesicht. Und der Königssohn entdeckt plötzlich die Identität: die Küchenmagd, die vor ihm steht, und die Prinzessin, mit der er getanzt hat, beide sind ein und dieselbe!

Wie wunderbar können Menschen sein, die ihr ganzes Leben lang nur enttäuscht wurden, nur gequält wurden, nur niedergehalten wurden. Ich bin begeistert zu sehen, wie wenig oft genügt, damit sich Menschen ein ganzes Leben öffnet. Sie liegen manchmal da wie Wüstenblumen, jahrelang wie vertrocknet. Kein Mensch nimmt sie wahr. Und dann genügen ein paar Tage Regen – und es explodiert eine Schönheit, die man nie geahnt hat. Menschen können in den wenigen Augenblicken einer wahren Begegnung ihr ganzes Wesen zeigen. Und das passiert auch in diesem Moment im Aschenputtel, das den Mut hat, sich zu sich selbst zu bekennen.

Und am Ende unseres Märchens hat Aschenputtel den Königssohn gefunden. Was muss es tun, was muss der Mensch tun, damit er sich das Bewusstsein, er habe den richtigen Menschen gefunden, bewahrt und dadurch sein Glück erhält?

Aschenputtel glaubt, dass es was wert ist. Das hat es gelernt in der Treue zu seiner Mutter. Darin lag immer auch ein gewisser Stolz verborgen. Unterhalb eines Prinzen sozusagen würde ein Aschenputtel nie Liebe riskieren. Aber dass es seine Träume nicht sterben lässt, dass es lieber durch alle Enttäuschungen und Demütigungen geht – das ist die Stärke, die am Ende belohnt wird mit Glück.

Maria von Magdala
oder
Die Frau im Christentum

Im 15. Kapitel des Markus-Evangeliums erfahren wir eini-
ges über die Kreuzigung und den Tod Jesu und wir hören von
einigen Frauen, die in dem Zusammenhang eine Rolle spie-
len. Es heißt da: „Und es waren auch Frauen da, die von fer-
ne zuschauten, unter ihnen Maria von Magdala und Maria,
die Mutter des Jakobus, sowie Salome und viele andere."
Diese Maria von Magdala, deren Name im Neuen Testa-
ment mehrfach genannt wird, wer war diese Frau, was wis-
sen wir über sie?

Es liegt etwas Erschütterndes in dieser Passionsszene. Die
Jünger, nach dem Zeugnis des Markus, sind geflohen in
den Stunden der Angst und der Not. Es ist diese Gruppe von
Frauen, die den Weg Jesu begleitete. Maria von Magdala
muss dabei eine besondere Rolle gespielt haben. Wir wissen
aus ihrem Leben biographisch, historisch zuverlässig, eigentlich nur durch eine Notiz, die im 8. Kapitel des Lukas-Evangeliums steht. Da berichtet Lukas, dass es einige Frauen gab,
die sich Jesus angeschlossen hatten und die ihn wohl auch
mit Geldmitteln versorgten, darunter zum Beispiel Johanna,
die Frau des Chuza, eines Hofbeamten des Königs Herodes.
Es waren also auch hochgestellte Frauen, die von Jesus aus
ihrer bürgerlich sicheren Existenz offensichtlich herausgelöst wurden. Sie alle hatten etwas zu verlieren, so wie auch
die Jünger etwas zu verlieren hatten, die ja einen ordentlichen Beruf ausübten. Einzig von dieser Frau aus Magdala,
am Westrand des Sees Genezareth gelegen, wird gesagt, dass
sie sieben böse Geister in sich trug, ehe sie Jesus begegnete.

Diese Frau aus Magdala muss an der Seite Jesu gelernt haben, dass ihr eigenes Ich zurückkehrt und sie sich selber geschenkt wird. Da ist jemand, der an sie offensichtlich mehr glaubt, als sie im ganzen Leben an sich selber hat glauben können. Da streckt sich eine Hand aus über dem Abgrund, um einen Menschen zu erreichen, der wie ein Verlorener ist, ganz buchstäblich.

Manchmal träume ich davon, wie es gewesen sein mag, als diese Frau am Fuße des Bergs Jesus zugehört hat, wie er die Seligpreisungen einleitet: „Glücklich nenne ich in dieser Welt die Menschen, die noch weinen können. Glücklich nenne ich die Menschen, die um ihre Armut wissen und sich dazu bekennen." Diese Frau aus Magdala muss gespürt haben, dass das so stimmt und nur so stimmen kann, weil sie sonst wieder unter die Räder kommt. Die Verlorenen, die Schwachen, die Armseligen ganz buchstäblich brauchen genau diese Worte, sonst ist ihnen keine Hoffnung und keine Zukunft. Und dann stelle ich mir vor, wie Jesus auf sie gewirkt hat. Sie muss sich ihm angeschlossen haben wie eine Schwalbe im Spätherbst, wenn sie nach Süden fliegt. Jesus war für sie die Wärme, die sie nötig hatte, um leben zu können. Darum ist es für mich kein Wunder, dass sie – anders als die Jünger – dem Mann aus Nazareth folgt bis ins Äußerste. Maria von Magdala muss gesehen und erkannt haben: Die Schriftgelehrten, die Hohen Priester wollen überhaupt nicht, dass Gott menschlich ist; sie wollen nicht, dass sich ein Mensch im Namen Gottes aufrichtet und seine Freiheit lernt; sie wollen nicht, dass Menschen ihre Liebe wagen. Stattdessen haben sie ihre Paragraphen, ihre Ordnungen und ihre Gewohnheiten; im Ganzen haben sie nichts weiter als den Faktor der Macht und der Angst, Menschen einzuschüchtern und zu erniedrigen. Diese Frau aber ist nicht einzuschüchtern, denn sie hat nichts mehr zu verlieren. Von daher ist es kein Zufall, wenn wir sie am Ostermorgen, als es noch dunkel ist, allein zum Grabe gehen sehen. Und Johannes erzählt im 20. Kapitel, dass zwei Engel da sitzen, die sie nach den Gründen ihrer Traurigkeit fragen – und dann kehrt sich ihr ganzes Leben noch einmal um. Für sie ist Jesus nicht tot, für sie ist er überhaupt nicht totzukriegen, sondern die, die gewagt haben ihn hinzurichten, haben lediglich den Beweis geliefert, dass sie selbst der Tod sind. Wenn irgend etwas lebt in dieser Welt, dann sind es die Worte Jesu. Das spürt sie und das richtet sie auf. Das lernt diese Frau am Abgrund des Grabes, und es gewinnt für sie ein neues Leben, den Toten wieder zu entdecken als den Lebenden. Diese Frau, Maria von Magdala, ist die erste Botin der Auferstehung im Christentum. Das ist so unglaublich, dass Johannes sogar den ganzen Text noch mal zugunsten von Petrus und dem Lieblingsjünger Jesu umschreibt. Diese Frau wird nachträglich in den Schatten verbannt zugunsten dieser zwei Männer.

Maria von Magdala, eine der Jüngerinnen Jesu, war aber eben auch eine Frau. Kann man sich vielleicht vorstellen, dass sie Jesus, ihren Herrn, geliebt hat? Vielleicht sogar in einem erotischen Sinne?

Wie soll man einen Menschen nicht lieben, der die Grundlage des ganzen Lebens bietet! Wir sehen es in der Psychotherapie, es ist überhaupt nicht möglich nachzuarbeiten, was in frühen Kindertagen passiert ist, außer man tritt selber noch einmal in die Rolle von Vater oder Mutter ein. Und natürlich werden all die Gefühle wach, die damals ein Mädchen gegenüber seinem Vater oder seiner Mutter gehabt hat, all die zerstörten, ausgeglühten oder erkalteten Gefühle melden sich jetzt plötzlich wieder. Die ganze Chance liegt darin, diesem sehnsüchtigen Kind den Weg zu ermöglichen, der es zu einer erwachsenen Frau macht. Natürlich melden sich dann auch erotische und sexuelle Gefühle. In einer Psychotherapie würden sie sich normalerweise auflösen und vom Therapeuten weggehen. Wie das im Leben von Maria von

Magdala geschehen ist, wissen wir absolut nicht. Aber dass sie Jesus geliebt hat als den Menschen, der ihr das Leben wurde, so viel scheint in der kleinen Andeutung aus dem 8. Kapitel des Lukas-Evangeliums ganz sicher zu sein. Wie eine Frau nur lieben kann, wird sie geliebt haben. Wie soll man das jetzt nennen? Wenn wir von erotischer Liebe reden, haben wir gleich ein bestimmtes Assoziationsfeld dabei. Die Gesellschaft der Magdalena ist aber zu ernst, um an der Oberfläche diskutiert zu werden. Das muss die Elemente von Erotik nicht ausschließen, ganz im Gegenteil, alle Zärtlichkeit, alle Sinnlichkeit, alle Begeisterung in der Nähe des anderen sind wach und lebendig in einer solchen Beziehung.

Es gibt ja eine ganze Reihe von Frauen, die Jesus und seine Jünger begleiten auf diesem langen Weg von Galiläa bis Jerusalem. Wie geht Jesus auf seinem irdischen Lebensweg überhaupt mit Frauen um?

Das Erstaunliche ist seine offensichtliche Angstfreiheit. Jemand, der im Namen Gottes als Rabbi oder als Prophet auftreten will, ist entweder in gesichertem Heiratsverhältnis, hat also mit Frauen eigentlich keinen engeren Kontakt, oder aber er hat sie zu meiden. Jesus hat offensichtlich vor keinem Menschen Angst gehabt, vor den Reichen nicht und den Armen nicht, vor den Glücklichen nicht und den Unglücklichen nicht, vor den Männern nicht und den Frauen nicht. Ich sehe darin eine ungeheure Integrationsleistung des Mannes aus Nazareth. Nehmen Sie auf der männlichen Seite, was da alles zusammen kommt. Es wird im Katalog der Jünger erwähnt, dass einer der Zwölf zur Gruppe der so genannten Sikarier gehörte, einer Art Guerilla-Bewegung in den Tagen Jesu. Man will das Reich Gottes durch Überfälle auf die Römer, durch militärische Gewalt, herbeizwingen. Einer dieser Terroristen zählt zum Kreis der Jünger Jesu. Auf der anderen Seite gibt es einen Mann wie den Zöllner Levi in seinem Jün-

gerkreis, einen Steuereinnehmer, der mit den Römern ko-
operiert. Die beiden vertreten zeitgeschichtlich vollkommen
konträre Programme. Aber an der Seite Jesu kommen sie zusammen. Jesus wagt es, auch einen Pharisäer zu besuchen,
sich mit ihm zu Tisch zu setzen. Offensichtlich möchte Jesus das tun, was er auch zum Programm erklärt: ganz Israel
soll endlich eine Einheit bilden, und selbstverständlich gehören die Frauen mit dazu, vielleicht, ich wage zu sagen,
weil Frauen in aller Regel viel integrationsfähiger sind als die
meisten Männer. Sie standen Jesus nahe bei allem, was er
sagte. Sie verstanden seine Güte, sie verstanden seine Liebe,
sie verstanden seine Poesie, sie verstanden seine nichtdog-
matische Art zu handeln, mit Menschen umzugehen. Das
war, wenn man so will, eine Art mütterlicher Religion. Der
Psychoanalytiker Erich Fromm hat sogar gesagt, man versteht Jesus überhaupt nur, wenn man den Kampf gegen den
Patriarchalismus in seinem Wirken sieht. Jesus war, wenn
man so will, der Gründer einer matriarchalen Form der Re-
ligionspsychologie.

Dass Jesus keine Berührungsängste hat, zeigt sich ja darin,
dass er sich mit Guten und Bösen an einen Tisch setzt, egal
was die Leute sagen. Und in dem Zusammenhang möchte
ich doch noch auf eine Geschichte kommen, die uns Lukas
erzählt, die Geschichte von Jesus und der Sünderin. Jesus
besucht das Haus eines Pharisäers, der ihn zum Essen ein-
geladen hat. „Und siehe", so heißt es dann im Evangelium,
„eine Frau war in der Stadt, die war eine Sünderin." Also of-
fenbar eine stadtbekannte Dirne, eine Prostituierte, und
dann lesen wir bei Lukas: „Als sie hörte, dass er zu Tisch
saß im Hause des Pharisäers, brachte sie ein Glas mit Salb-
öl und trat von hinten an ihn heran, dabei weinte sie und
ihre Tränen fielen auf seine Füße. Da löste sie ihr Haar auf
und trocknete seine Füße mit den Haaren ihres Hauptes.
Und sie küsste seine Füße und salbte sie mit dem Öl." Mir

scheint bemerkenswert der Mut dieser Frau, die es wagt, in das Haus des Pharisäers hinein zu gehen, aber auch das Verhalten Jesu selber.

Es ist unglaublich, dass diese Frau überhaupt zu Jesus kommt unter diesen Umständen. Ich stelle mir einmal die Vorgeschichte vor. Da ist eine Frau, die zum öffentlichen Gespött am Tage wird. Die Doppelmoral der Männer, die bei Nacht das lebt, was sie am Tage verachtet, macht diese Frau von Anfang an zum Spielball der gesellschaftlichen Widersprüche, aus denen sie nicht herauskommt. Man quält sie ständig durch Erniedrigung, hält sie aber gleichzeitig in diesem Zustand, weil man sie auch für all das benötigt, was man bei sich selber verachtet. Die unterdrückte Sexualität gewinnt in ihr objektiv Gestalt. Und nur allzugern lässt man sich verführen, sonst könnte die Frau ja nicht leben. Aber es muss eine Verführung bleiben – die man ja eigentlich nicht gewollt hat – und also muss man es bereuen und sich gegen sie wehren. In diesem ganzen irrsinnigen Durcheinander, das gerade von den religiösen Lehrern mitgetragen wird, wagt diese Frau zu glauben, dass der Mann aus Nazareth anders sei. Er redet von Gott so, dass sie überhaupt zu ihm kommen darf. Allein das ist mir eine ungeheure Vorstellung. Ist es möglich, Jesus zuzutrauen, dass er eine Dirne nicht verachten wird?, dass es ihm ganz egal ist, was sie tut?, sondern dass ihm nur wichtig ist, was sie für ein Mensch ist? Dass Jesus Menschen sieht und nicht Verhaltensweisen oder justitiable Sachverhalte, ist das Vertrauen, das diese Frau überhaupt zu ihm treibt. Und nun muss man sich vorstellen, wie sie sich das ursprünglich gedacht hat: Sie will Jesus salben, aber natürlich nicht seine Füße, wie es dann erzählt wird, sondern seinen Kopf! Für sie ist er so viel wie ein König, den salbt man, oder ein Prophet, den salbt man, eine heilige Gestalt vor Gott und den Menschen, so viel auf jeden Fall. Was sie mit ihm verbindet, wird uns in der Geschichte nicht erzählt, aber es muss fast ähnlich gewesen sein wie bei Maria von Magdala: Hier ist ein Mensch, der größer ist und deshalb mich nicht erniedrigen wird, und in der Salbung zeige ich ihm seinen Wert und seine Würde und was er mir bedeutet und was er eigentlich allen bedeutet, die das verstehen. Es ist die Salbung eines Königs des Herzens, eines Königs der Liebe, so träumt diese Frau, und natürlich ist diese Szene durchtränkt mit Zärtlichkeit. Den Körper Jesu zu streicheln, ist das nicht wieder die Handlung einer Dirne? Äußert sie nicht all ihre Liebe, all ihr Vertrauen, alle ihre Zuneigung genau in der Art, wie man sie kennt? Und sie sieht diese Männergesellschaft im Hause des Pharisäers da sitzen, des Einladenden, die Jünger, Jesus selber. Und es heißt ja nicht, sie geht auf ihn zu, sondern sie kriecht förmlich wie auf allen Vieren, wie ein Tierchen, auf ihn zu; die ganze Szene missrät, es ist nicht möglich, auf ihn zuzugehen. Sie schleicht sich von hinten an Jesus heran, und statt den Kopf zu salben, bricht sie nur hilflos in Tränen aus. Sie selber ist wie das zerbrochene Ölgefäß, das sie mitgebracht hat, es ist ihr ganzes Herz. Und natürlich ist das wieder falsch. In den Augen der Männer, der wohlanständigen, der ungerührten und unberührbaren, macht sie alles gründlich falsch. Sie ist ehrlos, unwürdig, nicht beherrscht, sie verliert die Haltung, und man erwartet in dieser Szene sogar, dass Jesus, wenn er ein Mann Gottes sein will, das natürlich sieht und erkennt, womit er es zu tun hat, diese Zudringlichkeit, diese Lasterhaftigkeit. Das alles kann man nur verachten, so wollen sie es, diese Anständigen, diese Ordentlichen, diese Abständigen jeder menschlichen Nähe gegenüber. Das Unglaubliche ist an dieser Stelle im griechischen Text schwer zu übersetzen. Es heißt da, Jesus habe gesagt: Ihr sind ihre vielen Sünden vergeben, weil sie viel geliebt hat. Sünde und Vergebung, das ist man gewohnt im katholischen Beichtstuhl. Hier aber vollzieht sich ein Freispruch! Inmitten all der Schande und all der Erniedrigung hat diese Frau sich die Fähigkeit zu lieben bewahrt, und das entscheidet bei Gott über alles.

Dass Menschen sich so zu Jesus wenden konnten und dass Jesus auf sie so geantwortet hat, erklärt mir die vielen Wunder, mit denen er Aussätzige heilt, Gelähmte aufrichtet, Blinde sehend macht. Leute, die nicht mehr hören können, öffnet er für die menschliche Sprache und Verstummten löst er die Zunge. Das ist alles dasselbe, ein Werk reiner Menschlichkeit und Güte.

Die Unbefangenheit, die Jesus im Umgang mit Frauen zeigt und die hohe Wertschätzung, die Frauen durch ihn erfahren: Je länger die Zeit dann ins Land geht, je mehr sich das Christentum entwickelt, umso mehr scheint das verloren zu gehen. Nach ein oder zwei Generationen bewertet dann zum Beispiel ein Mann wie der Apostel Paulus die Frauen ganz anders. In dem 1. Brief an Timotheus redet er davon, dass eine Frau sich unterordnen müsse, dass sie still zu sein habe in der Gemeinde und dass sie nicht Herr sein dürfe über den Mann. Und wörtlich schreibt Paulus in seinem Brief als Begründung: „Denn Adam wurde zuerst gemacht, danach Eva. Und nicht Adam wurde verführt, sondern die Frau hat sich verführen lassen und das Gebot übertreten."

Das klingt wie ein Scherz zum Herrenabend. Aber es steht so wirklich in der Bibel, und ganze Teile der Kirchengeschichte bestehen in der Neuauflage dessen, was Jesus bekämpfen wollte und wofür man ihn am Ende sogar tötete. Man fürchtet die Liebe und die Freiheit, die Jesus in das Leben der Menschen hineintragen wollte. Es ist ja heute nicht sehr anders. Wir reden von Gott und wir haben eine bestimmte Sprachregelung im Raum der Kirche, wie man von Gott reden muss, und es ist samt und sonders eine Männersprache. Geformt ist das alles in Jahrhunderten von Kardinälen, von Päpsten, von Theologieprofessoren; sie alle verwalten die Sprache Gottes, aber diese ist bei ihnen seelenlos, unpoetisch, sie dient immer wieder zu fanatischen Rechthabereien und zu Grabenkriegen gegen Andersdenkende und Andersgläubige. Was wäre, wenn wir nur die Sprache wiedergewinnen würden, mit der man die Seele der Menschen erreicht! Dann würde etwas vom Himmel tauen, das sich über die verdurstenden Gräser legen würde, und Frauen würden das verstehen. Plötzlich ginge es darum, Gefühle zur Sprache zu bringen, wirkliche Lebenserfahrungen einzubringen. Es wäre kein Reden mehr von Gott abseits des Lebens, sondern quer durch die Existenz, ein ganz und gar inniges, warmherziges, ein sich wagendes, vor Glück tanzendes, oft auch zu Boden gedrücktes, unter Schmerz gebeugtes Leben. Aber all das, was in der Seele des Menschen vorkäme, wäre das Thema, um von Gott zu sprechen. Vergleicht man das mit dem verhunzten Deutsch der Kirchensprache, wird deutlich, was daraus geworden ist und warum man Frauen fürchten muss. Die Frauen hätten dieser Kirche ungeheuer viel zu sagen, wenn man ihnen nur die Erlaubnis gäbe zu sprechen. Aber da steht ja nun im 1. Timotheusbrief, sie müssen den Mund halten, sie haben nichts zu sagen, sie dürfen fromm zuhören und gehorchen. Wir werfen das heute manchen Gruppierungen im Islam vor, aber wo im Christentum ist das so viel anders? Wo hätte eine Frau – und zwar maßgeblich – etwas zu sagen? Dass sie als Putzfrau in der Kirche angestellt wird, als Küsterin Hilfsdienste tut, dass sie die Fronleichnamsprozession mit Blumen ausstattet, das geht alles schön in Ordnung, aber wo hätte sie mal verbindlich etwas zu sagen? Die Protestanten versuchen das zur Zeit unter vielen inneren Reibungen, Gott sei Dank, aber gerade dafür werden sie abgelehnt von der Papstkirche in Rom.

Ist es nicht interessant, dass parallel zu der Abwertung der Frau, die sich in den Jahrhunderten der Kirchengeschichte vollzieht, gleichzeitig, spätestens aber seit Beginn des Hohen Mittelalters, sich eine immer stärkere Marienverehrung in der Kirche ausbreitete und dass gerade Päpste in besonde-

rer Weise große Marienverehrer waren, bis hin zu dem jet-
zigen Papst Johannes Paul II.!

Ich glaube, dass man das wirklich sagen kann: Je zentralisti-
scher ein Papst sich selber definiert, je patriarchalischer er
sein eigenes Amt interpretiert, desto größer ist seine Affi-
nität zur Marien- und Madonnenmystik. Ich glaube, dass da
zwei Dinge ineinander gehen. Jesus wollte von einem Gott
reden, der keine Opfer als Vorleistung von Menschen braucht.
Der ganze Priesterdienst, speziell der katholischen Kirche,
aber lebt vom Opfergedanken. Man hat Priester, die von
Amts wegen rituell immer wieder Jesus noch einmal kreu-
zigen und töten. Gott kann die Menschen nach dieser Vorstellung überhaupt nur von den Sünden befreien durch unendliche Vorleistungen, die durch das Opfer zu erbringen
sind. So lange Menschen opfern müssen, leben sie zwiespältig, haben sie Angst im Ringen um Vertrauen, bleiben sie ab-
hängig von den Vermittlungsinstanzen. Und genau diese
Zwiespältigkeit, die Jesus auflösen wollte, ist in der katholischen Kirche zurückgekehrt. Jesus wird es vermocht haben,
Frauen gerade in diesem Punkt einer bedingungslosen An-
nahme anzusprechen. Man kann es sich ja nicht vorstellen,
dass eine Mutter ein Kind, das sie zur Welt bringt, nur unter
Vorleistungen akzeptieren würde. Das ist wirklich ein männlicher Gedanke, ein Ungedanke eigentlich. Eine Frau schließt
ihr Kind in den Arm, weil es lebt, und es gibt keine Vorleistungen, es ist einzig die Freude über seine Existenz! Das ist
das ursprüngliche Gefühl, das dann durch alle möglichen
Schwierigkeiten von innen und außen gestört, vielleicht sogar zerstört werden kann. Aber selbst wenn ein Kind etwas
sehr falsch gemacht hat, werden die meisten Frauen sich fragen, was habe ich denn falsch gemacht, dass meine Tochter,
dass mein Sohn dahin kam? Als Mutter wird eine Frau nicht
zuerst anklagen, sie wird nicht zuerst Besserung verlangen.
Die meisten Männer, wir Männer, könnten an dieser Stelle,

müssten an dieser Stelle von den Frauen lernen, denn wir haben die Angewohnheit, andere Menschen nur unter Bedingungen zu akzeptieren. Wir möchten Leistungen sehen, wir möchten Nachweise für erbrachte Leistungen geboten bekommen. Wir denken, dass wir immer erst mit etwas kommen müssen, damit man uns mögen kann, und so gehen wir miteinander um. Das mag im Rollenspiel von Mann und Frau sogar funktionieren, aber ins Absolute gesteigert, vor Gott, funktioniert es überhaupt nicht. Und das hat Jesus gewusst, und in diesem Punkt stand er den Frauen nahe.

Da die katholische Kirche auf Erden sehr hart geworden ist mit ihren Dogmen, ihren Moralbegriffen, braucht man eine Ersatzfigur. Man spricht ja eigentlich gar nicht von Jesus, man hat die Madonna an seine Stelle gesetzt. Man sieht Jesus als ein kleines Kind auf ihrem Schoß, das im Grunde auch wieder nichts zu sagen hat. Und die Madonna im Himmel füllt diesen Raum der Sehnsucht aus, der auf Erden sich gar nicht erfüllen soll. Man spaltet die Menschen in der Kirche auf, und man spaltet vor allem das Frauenbild auf. Am Ende hat man einen unversöhnbaren Kontrast, denn heilig ist Maria, weil sie Mutter wurde im Status einer Jungfrau; das ist ein vollendetes Wunder, wir reden nicht einmal von der Biologie, sondern vor allem von der Psychologie. Wie soll denn eine Frau zur Mutter werden, wenn sie immer noch wie eine Jungfrau fühlt! Das ist ein wirkliches Paradox, das man eigentlich nur mit Hilfe der Synchronanalyse Freuds auflösen kann. Es ist der fantasierte Ödipuskomplex: die Mutter gehört eigentlich dem Sohn, – den Vater tun wir beiseite. Das ist eine Idee, die Menschen nicht erwachsen werden lässt, und darum gehören Papst, Diktatur und Zentralismus vollkommen zusammen mit dieser Ambivalenz des Frauenbildes zwischen Madonna und Hure. Im Übrigen schafft man den Männern immer wieder schlechte Gefühle für ihre eigene Männlichkeit, sie müssen sich schämen für alles, was sie sind. Es darf nicht zwischen Mann und Frau, zwischen Gedanken und Gefühlen, zwischen Mensch und Amtsträger in der Kirche zusammenkommen, es dürfen Gott und die Welt, Geist und Körper nicht zusammenkommen, denn je größer der trennende Graben wird, desto mehr brauchen wir den Vermittlungsdienst, die kirchlichen Behörden, und die wollen sich erhalten um den Preis der Angst der Menschen.

Was müsste geschehen, was wäre sozusagen das Gebot der Stunde, um die Stellung der Frau in der Gesellschaft und in der Kirche zu verändern?

Von der Kirche haben wir genug gesagt, aber mir läge brennend auf der Seele, was Mahatma Gandhi schon in den 1930er Jahren gesagt hat. Er wollte die Frauen bitten, dass sie den Männern die Waffen aus den Händen nähmen, ehe sie die ganze Welt und sich selber mit zu Grunde richten. Mahatma Gandhi dachte, dass eine Frau niemals Kinder gebären will, die dann wieder in den Krieg müssen. Und sie will nicht 18-jährige, die Treueeide schwören müssen und befehlsgemäß in die Mordmaschine des Militärs hineingeraten. Gandhi, der Pazifist, glaubte wie Jesus, dass Frauen das Leben schützen wollen vor männlicher Gewalt. Heute sind wir dabei, unter Gleichberechtigung zu verstehen, dass Frauen jeden Wahn, den wir Männer ihnen seit Jahrtausenden vormachen, auch machen dürfen. Ich glaube, es ist in jeder Weise ein enormer Rückschritt, weil wir dabei die letzten Spielräume einer humanen Alternative aufs Spiel setzen.

Nachwort

Den abgedruckten Texten liegen 14 Gespräche zugrunde, die der Fernsehjournalist und SFB-Redakteur Richard Schneider mit Eugen Drewermann geführt hat. Der Gesprächscharakter ist in der schriftlichen Fassung auch dadurch deutlich gemacht, dass der Wechsel zwischen direkter und indirekter Rede nicht durch entsprechende Zeichensetzung eigens markiert wurde. Ausgestrahlt wurden die jeweils 30 Minuten langen Aufzeichnungen im November / Dezember 1999, 2000 und 2001 im Fernsehprogramm des Senders Freies Berlin. Die Zuschauerresonanz übertraf die Erwartungen bei weitem. Neben der Nachfrage nach einer schriftlichen Fassung der Themen gab es den Wunsch nach einer Wiederholung der Sendungen. Diese erfolgte dann sowohl im Programm von 3sat als auch im Fernsehprogramm des SFB.

Im Folgenden sind die Termine der jeweiligen Erstausstrahlung der einzelnen Themen aufgeführt.

Die Spirale von Hass und Gewalt *oder* Vom Missbrauch der Religion: 02.12.2001

Der Sündenfall *oder* Woher das Böse kommt: 28.11.1999

Der Wolf und die sieben jungen Geißlein *oder* Wie man die Angst überwindet: 16.12. 2001

Gottes Geschöpfe *oder* Warum Tiere eine Seele haben: 12.12.1999

Glaube und Hoffnung *oder* Der Sinn des Lebens: 26.11. 2000

Über Tugenden und Laster *oder* Die Moral in der Gesellschaft: 09.12.2001

Arm und Reich *oder* Die Folgen der Globalisierung:
03.12.2000

Frau Holle *oder* Warum Erwachsene Märchen brauchen:
21.11.1999

Das Unbewusste *oder* Was uns Träume sagen: 14.11.1999

Die Macht der Bilder *oder* Was uns die Weihnachtsgeschichte erzählt: 19.12.1999

Weihnachten *oder* Wenn ihr nicht werdet wie die Kinder:
17.12.2000

Liebe und Angst *oder* Wie der Mensch sein Glück findet:
05.12.1999

Aschenputtel *oder* Das Warten auf den Märchenprinzen:
10.12.2000

Maria von Magdala *oder* Die Frau im Christentum:
23.12.2001

Literatur

Zum Weiterlesen: Bücher von Eugen Drewermann

Aschenputtel. Grimms Märchen tiefenpsychologisch gedeutet. Düsseldorf. Walter 1993

Das Eigentliche ist unsichtbar. Der Kleine Prinz tiefenpsychologisch gedeutet. Freiburg i. Br. Herder 16. Aufl. 2001

Die Botschaft der Frauen. Das Wissen der Liebe. Düsseldorf. Walter 4. Aufl. 1994

Der Mensch braucht mehr als nur Moral. Über Tugenden und Laster. Düsseldorf. Walter 2001

Der Wolf und die sieben jungen Geißlein / Der Wolf und der Fuchs. Grimms Märchen tiefenpsychologisch gedeutet. Düsseldorf. Walter 2000

Frau Holle. Grimms Märchen tiefenpsychologisch gedeutet. Düsseldorf. Walter 9. Aufl. 1992

Hat der Glaube Hoffnung? Von der Zukunft der Religion am Beginn des 21. Jahrhunderts. Düsseldorf. Walter 2000

Ich steige hinab in die Barke der Sonne. Meditationen zu Tod und Auferstehung. Düsseldorf. Walter 6. Aufl. 1993

Jesus von Nazareth. Befreiung zum Frieden. Düsseldorf. Walter 4. Aufl. 1998

Krieg ist Krankheit, keine Lösung. Eine neue Basis für den Frieden. Freiburg i. Br. Herder 3. Aufl. 2002

Strukturen des Bösen. 3. Bände. Paderborn. Schöningh 6. Aufl. 2000

Taten der Liebe. Meditationen über die Wunder Jesu. Freiburg i. Br. Herder 4. Aufl. 2001

Über die Unsterblichkeit der Tiere. Hoffnung für die leidende Kreatur. Düsseldorf Walter 7. Aufl. 2000

Wozu Religion? Sinnfindung in Zeiten der Gier nach Macht und Geld. Freiburg i. Br. Herder 3. Aufl. 2001

Zeiten der Liebe. Freiburg i. Br. Herder 12. Aufl. 2001

Eugen Drewermann bei Herder spektrum

Krieg ist Krankheit, keine Lösung
Eine neue Basis für den Frieden
Im Gespräch mit Jürgen Hoeren
190 Seiten, gebunden mit Schutzumschlag
ISBN 3-451-27857-X
Gewaltfreiheit ist keine Utopie – sie ist unsere einzige Hoffnung.

Wozu Religion?
Sinnfindung in Zeiten der Gier nach Macht und Geld
Im Gespräch mit Jürgen Hoeren
224 Seiten, gebunden mit Schutzumschlag
ISBN 3-451-27189-3
Wir brauchen Religion, mehr denn je, weil die Naturwissenschaften
die Frage nach dem Sinn des Lebens nicht beantworten können.

Die Spirale der Angst
Der Krieg und das Christentum
Band 4003
Ein Buch für eine neue Qualität des Zusammenlebens.

Das Eigentliche ist unsichtbar
Der Kleine Prinz tiefenpsychologisch gedeutet
Band 4894
Saint-Exupérys Kleiner Prinzen gedeutet vom Bestsellerautor.

Taten der Liebe
Meditationen über die Wunder Jesu
Band 5136
Hier wird die Utopie einer Welt wirklich, in der Menschen sich
geschwisterlich begegnen.

Zeiten der Liebe
Band 5057
Die poetischen Texte treffen den Kern existentieller Fragen.
Sie lassen Wege erkennen, die zu einem Leben der Liebe führen.

HERDER spektrum